Jean Monbourquette

Umarme deinen Schatten

HERDER spektrum

Band 5835

Das Buch

Nur wer in Frieden mit seinen inneren Schattenseiten lebt, kann ein gesundes Selbstwertgefühl entwickeln und gute Beziehungen zu sich selbst und seinen Mitmenschen aufbauen. Hierzu ermutigt der Autor und bietet ganz konkrete Strategien und Hilfen an. Anhand sprechender Beispiele aus der therapeutischen Praxis verdeutlicht er exemplarisch, wie der Weg der Selbsterkenntnis schließlich zur Selbstannahme führt. Der Leser lernt, seinen abgelehnten Persönlichkeitsaspekten auch positive Seiten abzugewinnen und so Schritt für Schritt seinen Schatten zu integrieren. Dieser Prozess der Aussöhnung mit sich selbst ist auch von eminenter Bedeutung für ein störungsfreies religiöses und spirituelles Leben. – Ein klärendes, ermutigendes und befreiendes Buch für eine tiefere Selbst- und Lebenserfahrung.

Der Autor

Jean Monbourquette ist ein in Kanada lebender sehr populärer Tiefenpsychologe (C. G. Jung) und Pfarrer.

Jean Monbourquette

Umarme deinen Schatten

Negative Energien in positive verwandeln

Aus dem Französischen übersetzt
von Bernardin Schellenberger

HERDER
FREIBURG · BASEL · WIEN

Deutsche Erstausgabe

Titel der französischen Originalausgabe:
Apprivoiser son ombre. Le côté mal aimé de soi

2. Auflage 2009

Bisheriger Titel:
Umarme deinen Schatten. Negative Energien in positive verwandeln
ISBN 978-3-451-05094-7

www.herder.de

Umschlagkonzeption und -gestaltung:
R·M·E Roland Eschlbeck / Liana Tuchel
Umschlagmotiv: © Buchcover / visum

Satz: DTP + Printmediengestaltung M. Heublein, Freiburg im Breisgau
Herstellung: fgb · freiburger graphische betriebe
www.fgb.de

Gedruckt auf umweltfreundlichem, chlorfrei gebleichtem Papier
Printed in Germany

ISBN 978-3-451-05835-6

Inhalt

Zur Einführung

Mein persönliches Interesse für den von Carl Gustav Jung geprägten Begriff des „Schattens" wurde erstmals während der siebziger Jahre geweckt, als ich mich mit dem Studium der analytischen Psychologie Jungs beschäftigte. Richtig davon fasziniert wurde ich schließlich, als ich an einem von Robert Bly geleiteten Workshop mit dem Thema „Seinen Schatten schlucken" teilnahm. Seither ist meine Faszination für dieses Thema nicht mehr erloschen, sondern hat im Gegenteil weiter zugenommen. Ich habe festgestellt, dass die gründlichere Erschließung des Begriffes des „Schattens" nicht nur wesentlich zu meiner persönlichen Reifung beitrug, sondern auch zu der meiner Klienten.[1]

Ich konnte bei vielen Vorträgen und Seminaren über dieses Thema meine Begeisterung für die Nützlichkeit dieses Begriffs mit einer breiten Öffentlichkeit teilen. Etliche der Teilnehmer wollten ihre Kenntnis dieser Thematik vertiefen und baten mich, ihnen weitere Literatur anzugeben. Da es im Unterschied zum Englischen bislang auf Französisch darüber nur wenig gibt, beschloss ich, die Frucht meiner Forschungen und Überlegungen zu diesem Thema in schriftlicher Form vorzulegen.

Mein Schatten – ist er mein Feind oder mein Freund? Wie ich meinen Schatten einschätze und wie ich mit ihm umgehe,

---

1 Im französischsprachigen Kanada ist das Wort „patient" zur Bezeichnung eines Menschen, der einen Psychologen oder Psychotherapeuten konsultiert, aus dem Sprachgebrauch verschwunden. Dieser Begriff enthält den Beiklang des Krank- und Passivseins, den man vermeiden möchte. Stattdessen spricht man lieber von „Klienten", was eher unterstellt, dass der betreffende Mensch an sich arbeitet und sich selbst aktiv um sein Weiterwachsen bemüht.

ist von ausschlaggebender Bedeutung für mein Leben. Den meisten wird er zunächst eher als Feind vorkommen. Das vorliegende Buch möchte helfen, diese Ansicht zu überwinden und seinen Schatten nach und nach als seinen Freund zu entdecken. Von diesem Anliegen her ist der Titel formuliert: „Apprivoiser son ombre – Seinen Schatten zähmen".

Jedes der folgenden Kapitel beginnt mit einer Geschichte, die dem Leser eine intuitive Ahnung davon vermitteln soll, was ich dann anschließend genauer ausführe. Soweit irgend möglich, veranschauliche ich die theoretischen Überlegungen mit Beispielen aus dem wirklichen Leben. In einigen Kapiteln (dem fünften und sechsten) bringe ich Übungsanleitungen, mit denen ich meine Leser dazu anregen möchte, ihr eigenes Weiterwachsen selbst aktiv zu gestalten.

Ich habe für die Ausarbeitung dieses Buches zwei Mitarbeiter zu Rate gezogen, und mir liegt daran, ihnen hier für ihre Hilfe meinen Dank auszusprechen. Jacques Croteau, mein Kollege und Freund, hat sich wieder einmal großherzig der Aufgabe angenommen, meinen Stil zu verbessern und an manchen Stellen seine Kritik anzubringen. Seine minutiöse Arbeit als Korrektor und seine ungemeine Sorgfalt dabei, mich auf unklare Stellen hinzuweisen, haben die Qualität der vorliegenden Arbeit beträchtlich verbessert. Die Journalistin Pauline Vertefeuille hat sich die Mühe gemacht, meine erste kritische Leserin zu sein. Ihre spontanen Reaktionen und scharfsinnigen Anmerkungen zum Aufbau mancher Abschnitte trugen wesentlich dazu bei, den Text noch klarer werden zu lassen.

Erstes Kapitel

Unser Schatten: ein unerforschter und ungenutzter Schatz

Man wird nicht lichtvoll,
indem man in das Licht blickt,
sondern indem man sich in sein Dunkel versenkt.
Diese Mühe ist allerdings oft unangenehm
und folglich nicht besonders beliebt.

Carl G. Jung[2]

Die Liebe zum Feind in mir

An einem Sabbattag ging der Sohn eines Rabbiners zum Gebet nicht in die Synagoge seines Vaters, sondern in eine andere. Als er zurückkam, fragte ihn der Rabbiner: „Na, hast du etwas Neues gelernt?" Sein Sohn gab zur Antwort: „Ja natürlich!" Der Vater fühlte sich in seinem Stolz als Rabbiner etwas gekränkt und entgegnete: „Na, was lehren sie denn dort Besonderes?", worauf der Sohn erwiderte: „Liebe deinen Feind!" Unverzüglich entgegnete der Vater: „Dann predigen sie doch das Gleiche wie ich. Wie kannst du sagen, du hättest dort etwas Neues gelernt?" Der Sohn sagte hierauf: „Sie haben mich gelehrt, den Feind zu lieben, der in mir selbst wohnt, während ich ihn bisher grimmig bekämpft habe."

---

[2] Anm. d. Ü.: Der Autor hat seine Zitate von C. G. Jung aus älteren amerikanischen Ausgaben ins Französische übersetzt und meistens keine Belegstellen angegeben. So mussten sie im Allgemeinen für hier aus dem Französischen ins Deutsche rückübersetzt werden. Einige zentrale Texte von C. G. Jung konnten jedoch in der deutschen Gesamtausgabe gefunden werden, wofür dann der Ort genau angegeben wird.

1. Was ist der Schatten?

Im vorliegenden Buch möchte ich Sie auf ein spannendes Abenteuer mitnehmen: Sie sollen Ihren Schatten kennen lernen. Der Schatten des Menschen ist eine geheimnisvolle Wirklichkeit, die fasziniert und gelegentlich auch Angst macht. Ist er unser Freund oder unser Feind? Das kommt darauf an, wie wir ihn einschätzen und mit ihm umgehen.

Was aber ist der Schatten genau? Die Antwort auf diese Frage soll im Lauf der Kapitel dieses Buchs erschlossen werden. Versuchen wir dennoch gleich zu Anfang, ein wenig Licht auf diese nicht leicht zu fassende Dimension unseres Wesens zu werfen.

Unser Schatten ist all das, was wir in unser Unbewusstes abgeschoben haben, und zwar aus Angst, von den Menschen, die bei unserer Erziehung eine entscheidende Rolle gespielt haben, abgelehnt zu werden. Wir befürchteten damals, dass wir ihre Zuneigung verlieren könnten, wenn wir sie enttäuschen oder durch bestimmte Verhaltensweisen oder Charakterzüge ihren Unwillen hervorrufen würden. So lernten wir es schon früh, genau zu unterscheiden, was in ihren Augen als akzeptabel galt und was nicht. Um ihnen zu gefallen, beeilten wir uns, einen guten Teil unserer persönlichen Eigenart ins Vergessen des Unbewussten abzuschieben. Wir unternahmen alles, um möglichst jede ausdrückliche oder stillschweigende Missbilligung seitens der Menschen zu vermeiden, die wir liebten und von denen wir abhängig waren.

Da wir die Wertschätzung der anderen erfahren wollten, erwiesen wir uns als liebenswürdig, höflich und korrekt. Um so sein zu können, mussten wir alles verdrängen, was davon abwich und als unziemlich oder tadelnswert erschien. So passten wir uns aus unserem Bedürfnis nach Anerkennung den Ansprüchen, Regeln und Gesetzen unserer Umgebung an, und wir gaben uns alle Mühe, alles zu vertuschen, was in dieser als tadelnswert oder anstößig erschien.

Weil es in bestimmten Kreisen als verwerflicher Egoismus gilt, wenn man an sich selbst denkt, und man stattdessen immer selbstlos verfügbar sein soll, versuchten auch wir, uns selbst zu verleugnen. Ebenso galt der Eigenwille als tadelnswert, das Gehorchen dagegen als lobenswert. Sanftmütig zu sein, galt als angemessen, wütend zu sein als Untugend; es war üblich, alle sexuellen Wünsche zu verbergen; wer in dieser Hinsicht auch nur die leiseste Andeutung machte, wurde streng getadelt. Die Beispiele ließen sich vermehren.

So entstand nach und nach auf dem Grund unseres Wesens eine Art großer Keller voller unterdrückter und verdrängter Antriebe, die sich im Lauf der Zeit dort angesammelt hatten. Schließlich saßen wir psychisch gesehen auf einer Art Vulkan, der jeden Augenblick auszubrechen drohte. Diese unterdrückte, aber immer noch lebendige und aktive psychische Energie bezeichnen wir als **Schatten**. „Der Schatten ist jener finstere Vorrat an infantilen Elementen unseres Wesens, unserer Anhänglichkeiten und unserer neurotischen Symptome und schließlich auch unserer nicht entwickelten Talente und Gaben. Er gewährleistet den Kontakt mit den Tiefenschichten der eigenen Seele, mit dem Leben, der Lebenskraft und der Kreativität."[3]

Diese verwilderte, brach liegende Schicht unseres Wesens ist alles andere als steril und inaktiv; sie muss bei unseren Lebensäußerungen unablässig beachtet und mit einbezogen werden. Wer ihr Vorhandensein übersieht, zieht sich selbst beträchtlichen Schaden zu. Sie kann eines Tages plötzlich wie ein Sturzbach die Pforte des Bewusstseins durchbrechen und es überschwemmen. Ist man jedoch für sie aufgeschlossen, so lässt sie sich zähmen und bietet ihren gesamten Reichtum dar, damit man ihn nutzen kann. Darin also besteht die Arbeit, seinen Schatten zu zähmen: Es geht darum, die verborgenen Elemente seines eigenen Wesens in den Bereich des Bewussten zu integrieren und sie sich bewusst anzueignen, um seinen Charakter zu möglichst großer Ganzheit zu entfalten.

Darum soll jetzt ausführlicher davon die Rede sein, wie grundlegend wichtig es ist, an der Reintegration seines Schat-

---

[3] Liliane Frey-Rohn, in C. Zweig et J. Abrams (Hg.), *Meeting the Shadow: The Hidden Power of the Dark Side of Human Nature*, Los Angeles 1991, xvii.

tens zu arbeiten; das ist entscheidend sowohl für die psychische wie für die soziale Reife des Menschen und auch für seine moralische und spirituelle Entwicklung.

2. An seinem Schatten arbeiten, um in gesunder Weise zu reifen

Der Schatten und die Selbsterkenntnis

Wer seinen Schatten nicht kennt, kann unmöglich sich selbst kennen. Will man ein ausgeglichener und ganzheitlicher Mensch werden, so kommt man nicht daran vorbei, sich persönlich um die Integration seines eigenen Schattens zu bemühen. Denn erst wenn man seinen Schatten deutlich erkennt und einbezieht, kann man diejenigen Teile seiner selbst wiedererlangen, die man aus Angst vor sozialer Ablehnung verdrängt hatte. Denn es ist einem im Lauf seiner Entwicklung immer wieder passiert, dass man sich bestimmter Empfindungen und Gefühlsregungen, Eigenschaften, Talente, Fähigkeiten, Einfälle oder Einstellungen geschämt hat, und zwar aus Angst, damit in der eigenen Umgebung Anstoß zu erregen. Man hat aus diesem Grund dazu geneigt, sie zu verdrängen und in die Untergründe des Bewusstseins abzuschieben. Doch diese ungeliebten Elemente seiner selbst überleben auch dann, wenn sie abgelehnt werden, und versuchen, sich bemerkbar zu machen. Wenn ihr Eigentümer ihr Vorhandensein nicht anerkennt, wenden sie sich gegen ihn, machen ihm Angst und verschaffen ihm ernsthafte psychische und soziale Leiden.

Lässt man dagegen die ungenutzten Reserven seines Wesens ans Licht kommen, auch wenn das recht bedrohlich erscheinen mag, so kann man sie sich zu eigen machen und sie organisch in das eigene Wesen einfügen. Damit erfüllt man dann die grundlegende Bedingung jedes menschlichen Reifens, die berühmte Anweisung, die über dem Portal des Tempels zu Delphi stand: „Erkenne dich selbst".

Der Schatten und die Selbstachtung

Eine wesentliche Bedingung dafür, dass man sich selbst richtig achten kann, erfüllt man, indem man mit seinem Schatten Frieden schließt und zu ihm ein freundschaftliches Verhältnis findet. Denn wie könnte man sich selbst lieben und Selbstvertrauen entwickeln, wenn man einen Teil seiner selbst, den Schatten, verkennen und folglich gegen seine eigenen Interessen ankämpfen würde? Mich wundert es, dass in den derzeitigen Veröffentlichungen über das Selbstvertrauen nicht stärker von den verheerenden Auswirkungen eines im unkultivierten Zustand belassenen Schattens die Rede ist, denn dieser wird zu einer wichtigen Quelle des abschätzigen Denkens über sich selbst und andere.

C. G. Jung weist darauf hin, dass die Psyche des Menschen der Schauplatz innerer Kämpfe ist: „Bekanntlich spielen sich die aufregendsten und merkwürdigsten Dramen nicht im Theater ab, sondern im Herzen der ganz normalen Menschen. Diese leben, ohne auf sie zu achten und verraten nichts von den Konflikten, die in ihrem Inneren toben, es sei denn, sie verfallen in eine Depression, deren Ursache sie selbst nicht einmal kennen."[4]

Aus diesem Grund darf man sich die Reintegration seines eigenen Schattens nicht einfach sparen. Wer sich weigert, diese Arbeit in Angriff zu nehmen, läuft Gefahr, psychisch recht unausgeglichen zu werden. Es kann sein, dass er sich schließlich stark gestresst und deprimiert fühlt, von einem diffusen Angstgefühl geplagt wird, mit sich selbst unzufrieden ist oder Schuldgefühle hat; er kann dann allen Arten von Zwängen verfallen und sich von seinen Antrieben unkontrolliert lenken lassen: von Eifersucht, kaum gebändigter Wut, Ressentiments, sexuellen Ausschweifungen, Fresssucht usw.

Von den verbreitetsten Süchten seien nur der Alkoholismus und die Drogensucht genannt, die in unseren modernen Gesellschaften gewaltiges Unheil anrichten. In einem ausge-

---

[4] C. G. Jung, Psychology and Religion: West and East (Collected Works, 7), Princeton University Press 1938, 528.

zeichneten Artikel über die Ursachen der Abhängigkeit bestätigt Sam Naifeh: „Die Abhängigkeit ist ein Problem des Schattens."[5] Tatsächlich entstammt das zwanghafte Hingezogensein zu Alkohol und Drogen der unangemessenen Suche der Schattenseite unseres Wesens. Zwar hat man den toxischen Substanzen die Schuld daran gegeben, dass die Menschen ihnen verfallen, aber in Wirklichkeit sind sie nur die indirekte Ursache dafür, weil sie dem, der sie gebraucht, die Möglichkeit bieten, die Grenzen des Bewusstseins zu überschreiten. So kann er sich für kurze Zeit mit der dunklen Seite seines Wesens, die ihn ständig belagert, vereinen. Die nüchterne Seite des Alkoholikers empfindet ein ständiges Ungenügen, solange sie von ihrem alkoholischen Teil getrennt ist, der sich in ihrem Schatten verbirgt.

Der Schatten und die Kreativität

Der Schriftsteller Julien Green vermerkte unter Anspielung auf die Aktivität seines Schattens: „Da ist einer, der meine Bücher schreibt, den ich nicht kenne, aber gern kennen lernen möchte." Wenn man sich in Geduld und mit Sachverstand der Zähmung seines Schattens widmet, legt man ein ungeheures Potenzial frei, das in seinem unkultivierten Zustand im Unbewussten vergraben bleibt. Fördert man es zutage, so hat das eine Steigerung der Vitalität zur Folge; zugleich regt es die Kreativität in allen Bereichen des Lebens an.

3. Seinen Schatten zähmen, um gesunde soziale Beziehungen pflegen zu können

Projektionen des Schattens führen zu Störungen

Wird der Schatten nicht erkannt und angenommen, so bewirkt er nicht nur Zwangsvorstellungen, sondern erzwingt

[5] S. Naifeh, „Archetypal Foundations of Addiction and Recovery", in *Journal of Analytical Psychology* 40 (1995), 148.

sich seinen Eintritt in das Bewusstsein auch dadurch, dass er Projektionen auf andere verursacht. Hier soll gleich kurz etwas über das Phänomen der Projektion des Schattens gesagt werden; ausführlicher soll dieses Thema im sechsten Kapitel entwickelt werden.

Wie wirkt sich die Projektion des Schattens auf das soziale Umfeld aus? Bei einem von einer Projektion seines Schattens befangenen Menschen ist die Wahrnehmung der Wirklichkeit gestört. Die Züge oder Eigenarten, die er bei sich nicht zugelassen hat, schreibt er anderen Menschen zu, als versetze er diese in bestimmte Rollen. Die Folge ist, dass er dazu neigt, die Träger seiner Projektionen entweder zu idealisieren oder zu verachten oder vor ihnen Angst zu haben. Kurz, der „Projektor" ist schließlich so weit, dass er Angst vor den Projektionen seines eigenen Schattens bekommt. Er sieht diese in Mitmenschen abgebildet, die für ihn entweder faszinierend oder bedrohlich werden, als wären sie lauter verzerrende Spiegel. Im Kapitel über die Projektion des Schattens werden wir deren Auswirkungen sowohl auf die leidenschaftliche Liebe wie auch auf die Beziehungen des Betreffenden im Umfeld seines Arbeitslebens genauer erörtern.

Wenn derartige Phänomene in den sozialen Beziehungen mitspielen, sind Konflikte vorprogrammiert. Infolge einer eigenartigen Rückspiegelung reflektieren sich die Projektionen wiederum in dem, der sie projiziert hat und peinigen ihn. Er verfällt der Faszination seines eigenen Schattens oder der Abscheu gegen ihn. Wie ein Boxer, der trainingshalber versucht, seinen eigenen Schatten zu treffen, ist er dazu verurteilt, ein ständiges und erschöpfendes Schattenboxen zu veranstalten.

Die Lösung von Konflikten, die durch die Projektion des eigenen Schattens verursacht sind

Wenn jemand seine eigenen Mängel oder Schwächen auf einen anderen projiziert, kann man sich kaum vorstellen, dass er im Stande sein sollte, diesen anderen zu tolerieren oder gar zu lieben, mag das nun sein Chef, sein Nachbar, sein Ehepartner oder sein Kind sein. Dieser Mitmensch wird ihm auf die Nerven gehen und ihm eine Last sein. Wir rühren hier an den Ursprung eines Großteils der zwischenmenschlichen Konflikte und der Erschöpfungszustände im Beruf; auf diese Themen werden wir in den folgenden Kapiteln noch genauer eingehen.

Die Kenntnis der Manöver, Reflexe und Auswirkungen des Schattens ist folglich für die Vermittler bei Konflikten dieser Art eine unschätzbare Hilfe. Sie versetzt sie in die Lage, zunächst die gegenseitigen Projektionen zu durchschauen, die zwischen den Gegnern stattfinden und dann diesen Projektionen ihren tatsächlichen Platz zuzuweisen. Keine andere klassische Technik der Problemlösung hat sich als geeigneter für die Schlichtung dieser Art von Konflikten erwiesen. Tatsächlich lässt sich das durch gegenseitige Projektionen geschaffene Gewirr von zwei Kontrahenten anders gar nicht auflösen.

So kommt es, dass bei Kursen über mitmenschliche Beziehungen immer häufiger die Theorie vom Schatten erklärt wird, um die Teilnehmer über die verheerenden Auswirkungen von Projektionen aufzuklären. So kann man zum Beispiel die Chefs oder Leiter von Firmen darin schulen, sich ihres Schattens bewusst zu werden und sich die Auswirkungen ihrer Projektionen auf ihre Angestellten vor Augen zu halten. Dadurch können es die Führungskräfte vermeiden, selbst zum Auslöser von schweren Problemen im Schoß ihrer eigenen Organisation zu werden.[6] Um den reibungslosen Ablauf eines Unternehmens zu erleichtern, regen manche Persönlichkeitsberater sogar dazu an, den Schatten des Unternehmens selbst ausfindig zu machen, um dadurch Störfaktoren ans Licht bringen zu können.[7]

Merken wir beiläufig noch an, dass Eheberater ständig mit dieser Art von Konflikten zu tun haben, die aus den gegenseitigen Projektionen der Ehepartner entstanden sind.

---

[6] G. Egan, *Working the Shadow Side: A Guide to Positive Behind-the-Scenes Management*, San Francisco 1994.

[7] M. Bowles, „The Organization Shadow", in *Organization Studies* 12 (3) 1991, 387–404.

In den Augen von Carl Gustav Jung führt die Bewusstwerdung der eigenen Projektionen auf andere und ihr Zurücknehmen auf sich selbst nicht nur zu einer Verbesserung der zwischenmenschlichen Beziehungen, sondern wirkt sich auch auf die Gesellschaft insgesamt wohltuend aus. Seiner Ansicht nach vollbringt der Mensch, der sich bemüht, sich mit seinem Schatten zu versöhnen und schließlich seine Projektionen wieder in sich selbst zu integrieren, ein für die ganze Welt nützliches Werk: „So unscheinbar das aussehen mag, er erringt damit einen Erfolg, der dazu beiträgt, die ungeheuren und fast unüberwindlichen Probleme unserer Zeit zu lösen."[8]

4. Die Wichtigkeit der Reintegration seines eigenen Schattens für die Entwicklung des persönlichen moralischen Lebens

Von einer auf das Gesetz zentrierten Moral zu einer Gewissensmoral

Das psychologische Bemühen um die Reintegration des eigenen Schattens wirkt sich direkt auf die Ausbildung des moralischen Gewissens aus und spielt dabei eine unerlässliche Rolle. Carl Gustav Jung ging sogar so weit, zu erklären: „Der Schatten ist ein moralisches Problem, welches das Ganze der Ichpersönlichkeit herausfordert, denn niemand vermag den Schatten ohne einen beträchtlichen Aufwand an moralischer Entschlossenheit zu realisieren. Handelt es sich bei dieser Realisierung doch darum, die dunkeln Aspekte der Persönlichkeit als wirklich vorhanden anzuerkennen."[9]

Erich Neumann, einer der bedeutenden Schüler Jungs, zeigt in seinem Buch *Tiefenpsychologie und neue Ethik*[10] die

---

[8] C.G. Jung, *Psychology and Religion: West and East* (Collected Works, 7), Princeton University Press 1938, 140.

[9] C.G. Jung, *AION, Gesammelte Werke 9/II,* Olten u. Freiburg/Br. 1976, 17.

[10] Erich Neumann, *Tiefenpsychologie und neue Ethik*, Zürich 1949.

Bedeutung der psychologischen Arbeit für die Ausbildung des moralischen Gewissens auf. Am Anfang besteht dieses Gewissen vor allem aus dem schlichten Gehorsam gegenüber den von einer Familie oder Gesellschaft überlieferten Regeln und Moralprinzipien. Das mag lobenswert sein, aber man muss doch versuchen, über diese erste Phase hinauszukommen. Denn die moralischen Prinzipien einer Familie oder Gesellschaft fördern bestimmte Verhaltensweisen zum Nachteil anderer. Man vergleiche zum Beispiel die in einer Gesellschaft amerikanischer Ureinwohner bevorzugten Werte mit denjenigen in einer kapitalistischen Gesellschaft. Bei den Ureinwohnern sind die gemeinschaftlichen Werte von vorrangiger Bedeutung, während die Werte des Individuellen demgegenüber zu kurz kommen; in unseren kapitalistischen Gesellschaften wird der Geist des Individuellen an erste Stelle gesetzt, während der Gemeinsinn in der Hintergrund tritt.

So bestimmen jeweils die moralischen Codices einer Kultur, was erlaubt und was verboten ist. Um sich daran anzupassen, ist man gezwungen, bestimmte moralische Qualitäten, die die Umgebung für weniger wichtig und zuweilen sogar inakzeptabel hält, zu vernachlässigen. Wenn jemand es nicht lernt, sich von bestimmten Konditionierungen zu befreien, die ihm von seiner jeweiligen Kultur beigebracht worden sind, läuft er Gefahr, den gesamten Wertebereich, den seine Umgebung nicht schätzt, brach liegen zu lassen. Daher muss eine Ethik , die nur auf einer derart willkürlichen und einseitigen Aufteilung in Gut und Böse beruht, unvermeidlich die Ausbildung eines echten moralischen Gewissens behindern. Man denke etwa an das Gesetz der Wiedervergeltung, auf dessen verhängnisvolle Auswirkungen Mahatma Gandhi immer wieder hinwies: „Wenn ihr euch an den alten Gerechtigkeitscodex haltet – Auge für Auge und Zahn für Zahn –, dann richtet ihr eine Welt ohne Augen und ohne Zähne ein."

Eine Verhaltensweise, die von zu verkürzten Moralvorstellungen her geprägt ist, erschafft einen entsprechenden Schatten. Dieser wird sich auf dem Weg über Zwanghaftigkeit und

Skrupel zu äußern versuchen oder zu anderen Zeiten über starre moralische Vorurteile, wie wir im Folgenden sehen werden.

Die Moral und das Gesetz und die Schaffung von „Sündenböcken"

Erich Neumann schätzt eine Ethik, die einzig mit der Bestimmung dessen beschäftigt ist, was Gut und was Böse ist, als mangelhaft ein, weil sie niemandem hilft, in sich selbst die Wurzeln des Bösen zu entdecken und sich in den Stand zu versetzen, sie auszurotten. Im Gegensatz zu dieser von ihm als „die alte Ethik" bezeichneten stellt er eine „neue Ethik" vor, bei der die Ausbildung des moralischen Gewissens vor allem darin bestehen sollte, sich um die Reintegration seines Schattens zu bemühen. Diese psychospirituelle Arbeit hält er für ausschlaggebend dafür, dass jemandem die Ausbildung eines echten moralischen Gewissens gelingt. Der von dieser neuen Moral beseelte Mensch würde nicht mehr die ungezügelten Tendenzen seines Schattens auf andere projizieren, sondern diese in sich selbst wahrhaben, die Verantwortung für sie übernehmen und sie sodann in ein organisches moralisches Leben integrieren.

Die „alte Ethik" führt gelegentlich zur Schaffung einer Sündenbock-Mentalität, die sich zunächst auf der Ebene des Zwischenmenschlichen als Quelle von Antipathien und Beziehungskonflikten äußert. Des weiteren läuft sie Gefahr, sich auf die nationale Ebene zu übertragen und dabei gigantische Ausmaße anzunehmen. Dann kann der Schatten dazu verleiten, andere Nationen zu verteufeln und sich deshalb die Sendung zuzuschreiben, sie vernichten zu sollen. Genau das steht am Anfang vieler bewaffneter Konflikte der Weltgeschichte. Aus der gleichen Logik heraus werden die Fremden, die Minderheiten und alle, die „anders" sind, in höherem Maß zur Zielscheibe von Projektionen und eventuell schließlich zu Sündenböcken abgestempelt. Nach Auffassung Neumanns wird es den Nationen nur mittels der genannten „neuen Ethik" gelingen, ihre eigenen destruktiven Tendenzen zu durchschauen, statt sie weiterhin auf andere zu projizieren. Es muss wohl nicht eigens darauf hingewiesen werden, dass die Projektionen des kollektiven Schattens alles andere als harmlos sind, denn sie können zu Verfolgungen und Massenmorden führen, wie das etwa die Ausrottung der Juden durch die Nazis erschreckend beweist.

5. Seinen Schatten wieder integrieren, um sein spirituelles Wachstum zu gewährleisten

Mehr denn je bedürfen wir dringend einer gesunden und soliden Seelenlehre, die dazu taugt, die Entwicklung eines echten spirituellen Lebens zu gewährleisten. Die analytische Psychologie C. G. Jungs, der selbst ein tief spiritueller Mensch war, kann dazu beitragen. Sie gibt die Mittel für die „Unterscheidung der Geister" zur Hand, die viel mit der Unterscheidung des Schattens und der „Geister", die in ihm hausen, zu tun hat. Weil viele „Professionelle" des Spirituellen diese Unterscheidung nicht geübt haben, sind etliche von ihnen in Verhaltensweisen abgeglitten, die sowohl moralisch wie spirituell nicht mehr einwandfrei waren, wie das die in letzter Zeit enthüllten Skandale um manche Sektengründer, Priester, Seelsorger und geistliche Begleiter belegen.

Zwei Lebensphasen sind für die Entwicklung des Schattens besonders sensibel: die Anfangszeit des spirituellen Lebens und die Lebensmitte. Diese Phasen „sind Zeiten der Initiation und als solche besonders wertvoll und folgenreich. In ihnen werden die Weichen dafür gestellt, ob und wie man seine persönliche Identität ausgestaltet, seinen Platz in der Gesellschaft findet und eine ganze Reihe von Beziehungen zu anderen knüpft."[11] Im letzten Kapitel werden wir den inneren Zusammenhang zwischen der Reintegration des Schattens und dem spirituellen Leben gründlicher untersuchen.

---

[11] J. Grand'Maison, L. Baroni, J. Gauthier, *Les défis des générations: enjeux sociaux et religieux du Québec d'aujourd'hui* (Cahiers d'études pastorales 15), Saint-Laurent/Québec 1995, 360.

Das spirituelle Leben des Neulings

Eines Tages fragten Schüler ihren spirituellen Lehrmeister, welchen Weg sie einschlagen sollten, um ein wahrhaft spirituelles Leben anfangen zu können. Dieser gab ihnen zur Antwort: „Lernt zunächst, eure Ängste zu überwinden." Das waren ungemein weise Worte. Tatsächlich besteht die allererste Aufgabe des Neulings darin, seine Mängel, seine Ängste, seine Abneigungen und seine Antipathien genau in Augenschein zu nehmen. Dazu hatte bereits Carl G. Jung geraten: „Findet heraus, wovor jemand am meisten Angst hat und ihr wisst, worin seine nächste Wachstumsphase besteht."

Ohne die wirkliche und tief greifende Annahme seiner selbst beruht das spirituelle Leben auf einer äußerst unsicheren psychologischen Grundlage und stellt lediglich die Flucht in eine Scheinwelt dar. Die ehrliche Erkenntnis seiner selbst ist die grundlegende Bedingung jeder echten Spiritualität.

Das spirituelle Leben in der Lebensmitte

Zur Beschreibung der Situation der in ihrer Lebensmitte angekommenen Menschen verwendet der Anthropologe und Mythologieforscher Joseph Campbell das folgende Bild: „Während der fünfunddreißig oder vierzig ersten Jahre unseres Lebens haben wir uns bemüht, eine hohe Treppe hinaufzusteigen, um ganz oben auf ein Gebäude zu kommen. Wenn wir dann schließlich auf dem Dach angekommen sind, merken wir, dass wir uns im Gebäude geirrt hatten."

In diesem Stadium zieht man spontan die Bilanz all dessen, was man zustande gebracht hat. Man hält sich für einen selbstständigen Menschen, weil man seinen Platz in der Gesellschaft erworben hat. Man lässt vor seinem inneren Auge seine Leistungen und Ziele, seine Freuden und traurigen Erfahrungen, seine Erfolge und Niederlagen, seine erfüllten Hoffnungen und seine enttäuschten Träume vorüberziehen. Selten sind die Menschen, die voll und ganz mit sich selbst zufrieden sind. Fast jeder erkennt in seinem Leben mehr oder weniger große Lücken. Der Tod rückt bereits sichtlich näher.

Manche versuchen, eine Art zweiter Jugend zu finden. Andere wechseln ihren Beruf oder brechen aus ihrer Ehe aus; wieder andere fangen einen ganz neuen Lebensstil an. Kurz, in der Lebensmitte möchten viele Menschen eigentlich noch einmal alles von vorn beginnen.

An diesem Punkt müssten sie sich die Frage stellen: „Kann ich mich damit begnügen, nur mein Äußeres zu verändern? Muss ich nicht jetzt zunächst einmal gründlich mein Inneres überprüfen?" Die Antwort ist klar. Nachdem man viele Jahre seines Lebens dazu verwendet hat, ein wichtiges Ego aufzubauen, ein Wesen, das in der Gesellschaft etwas darstellt, besteht die Herausforderung dieser Altersstufe darin, in seinem Inneren eine Welt voller brachliegender Möglichkeiten zu entdecken. Die Krise der Lebensmitte stellt den Einzelnen vor die Aufgabe, das in seinem Schatten vergrabene Potenzial freizulegen. Macht man sich nicht an diese Aufgabe, so kann einem auch kein voll entfaltetes spirituelles Leben gelingen.

Zum Abschluss

Wenn man den Kontakt zu seinem Schatten knüpft und dessen Reichtümer erforscht, ist das alles andere als eine geruhsame Unternehmung. Aber wer für die Arbeit bereit ist, seinen Schatten wieder in sein bewusstes Leben zu integrieren, kann eine sehr fruchtbare Erfahrung machen. Die vorliegende Arbeit möchte allen eine Begleitung bieten, die sich auf das Abenteuer der vollen Verwirklichung ihrer selbst einlassen wollen.

Zweites Kapitel

Der Begriff des Schattens bei C. G. Jung

Vergiss dein Aussehen;
Das ist nicht mehr Mode.
Achte vielmehr auf den, der neben dir geht,
um dessen Dasein du nicht einmal weißt.

ANTONIO MACHADO

Carl Gustav Jungs Traum von seinem Schatten

Ich hatte einen unvergesslichen Traum, der mich zugleich erschreckte und ermutigte. Es war Nacht an einem unbekannten Orte, und ich kam nur mühsam voran gegen einen mächtigen Sturmwind. Zudem herrschte dichter Nebel. Ich hielt und schützte mit beiden Händen ein kleines Licht, das jeden Augenblick zu erlöschen drohte. Es hing aber alles davon ab, dass ich dieses Lichtlein am Leben erhielt. Plötzlich hatte ich das Gefühl, dass etwas mir nachfolge. Ich schaute zurück und sah eine riesengroße schwarze Gestalt, die hinter mir herkam. Ich war mir aber im selben Moment bewusst – trotz meines Schreckens –, dass ich, unbekümmert um alle Gefahren, mein kleines Licht durch Nacht und Sturm hindurch retten musste. Als ich erwachte, war es mir sofort klar: es ist das „Brockengespenst", mein eigener Schatten auf den wirbelnden Nebelschwaden, verursacht durch das kleine Licht, das ich vor mir trug. Ich wusste auch, dass das Lichtlein mein Bewusstsein war; es ist das einzige Licht, das ich habe. Meine eigene Erkenntnis ist der einzige und größte Schatz, den ich besitze. Er ist zwar unendlich klein und zerbrechlich im Vergleich zu den Mächten der Dunkelheit, aber eben doch ein Licht, mein einziges Licht.[12]

Die theoretische Kenntnis des Schattens hilft, ihn auch praktisch in sich selbst zu entdecken

Der Schatten lässt sich nur schwer erkennen. Ein jungscher Psychologe sagte, jemand, der keinerlei Vorstellung vom Schatten und seinen Auswirkungen habe, sei auch nicht in der Lage, dessen Vorhandensein zu entdecken. Von da her ist es wichtig, dass man zunächst theoretisch vom Schatten weiß, um ihn dann anschließend möglichst selbst zu erfahren.

Meiner Überzeugung nach liefert die psychoanalytische Schule Carl Gustav Jungs die klarste und zugleich praktischste Theorie über den Schatten. In dieser Theorie wird der Schatten ins Gesamt der Entwicklung des Menschen eingeordnet; sodann werden praktische Anleitungen dafür geliefert, wie man mit ihm Kontakt aufnehmen kann. Meine Darstellung des Schattens ist weithin davon inspiriert.

1. Wie Jung auf die Theorie vom Schatten kam

Jung war mit der Psychoanalyse Sigmund Freuds vertraut und wusste um das Dasein der verdrängten Welt des Unbewussten. Aber die Vorstellung, sie bestehe aus den verdrängten Anteilen der eigenen Psyche, empfand er als ungenügend. Er war der Ansicht, man müsse sie weiter fassen. Seine Forschungen über die Mythen, die Träume, die psychotischen Trugbilder sowie sein Studium der Kunst von „Primitiven" und Kindern brachten ihn zum Schluss, es müsse ein weiteres, noch tieferes Unbewusstes geben, nämlich das „kollektive Unbewusste". Er stellte sich dieses als die Erinnerung an einen Fundus von Bildern oder Motiven vor, der allen Menschen angeboren und gemeinsam sei. Diese universalen Bild-

[12] C. G. Jung, Erinnerungen, Träume, Gedanken, Olten ^{7}1990, 92f.

vorstellungen nannte er „Archetypen", denn man findet sie in allen Zivilisationen. In seinen Augen handelte es sich beim Schatten um einen dieser grundlegenden Archetypen.

Diese wichtige Entdeckung Jungs führte zum Bruch seiner langen Freundschaft mit Freud, der seinen Schüler von da an, gemessen an den Grundthesen seiner eigenen Schule, als „Häretiker" betrachtete.

Für Jung stellte der Schatten ein Knäuel aus Komplexen und verdrängten Energien dar, die Freud mit der Bezeichnung „Es" belegt hatte. Der Schatten, wie ihn Jung sich vorstellte, hatte sich schon immer in den Mythen und Geschichten der Menschheit in Form von verschiedenen Archetypen Ausdruck verschafft: im „dunklen Bruder", im „Doppelgänger", in den „Zwillingen", von denen die eine Hälfte einen verschlagenen Charakter darstellt, im „alter ego" usw. Dieser Schatten, den sich Jung zunächst in abstrakter und anonymer Form gedacht hatte, nahm in Folge seiner Studien über seine Träume und diejenigen seiner Patienten allmählich eine konkrete und persönliche Gestalt an.

Ab 1912 sprach Jung von der „dunklen Seite des psychischen Organismus". In der Folge verwandte er zur Bezeichnung des Schattens verschiedene Ausdrücke, wie etwa „das unterdrückte Ich", „das alter ego", „die dunkle Hälfte seiner selbst", „sein entfremdetes Selbst", „die niedrige Seite der Persönlichkeit".

1917 beschrieb er in seinem Werk *Über die Psychologie des Unbewussten* den Schatten als den „Anderen in uns", „die unbewusste Persönlichkeit des anderen Geschlechts", „das tadelnswerte Niedrigere" auch als „das Andere, das uns verwirrt oder Scham bereitet". Er definierte ihn als „den ‚negativen' Teil der Persönlichkeit, nämlich die Summe der versteckten, unvorteilhaften Eigenschaften, der mangelhaft entwickelten Funktionen und der Inhalte des persönlichen Unbewussten."[13] Fügen wir jedoch hinzu, dass der Schatten zwar mit den geltenden Vorstellungen und den Werten der

---

[13] C.G. Jung, *Gesammelte Werke* Bd. 7, Zürich 1964, 71.

jeweiligen Umgebung als unvereinbar erscheint, aber nicht an sich etwas Schlechtes ist.

Das Schema auf der folgenden Seite stellt grafisch diese Vorstellung Jungs vom Aufbau der Psyche dar.

2. Der Schatten als Metapher zur Beschreibung des verdrängten Materials

Mit dem von Jung verwendeten und von seinen Schülern weiterentwickelten Bild vom „Schatten" ist das Gesamt der ins Unbewusste verdrängten Inhalte gemeint, die sich als Gegenspieler zum Leben des bewussten Ego vereinen. Der Schatten eines Menschen ist also das psychische Material, das sich als Gegengewicht zur eindimensionalen Entwicklung des bewussten Ich im Unbewussten kristallisiert hat. Das bewusste Ich ruft ähnlich wie ein Licht eine unbewusste dunkle Zone hervor: den Schatten. Oder kurz gesagt: Ist das Ego der bewusste Bereich des Menschen, so der Schatten seine unbewusste Kehrseite.

Das Bild vom Schatten veranschaulicht recht treffend die Welt des Verdrängten. Normalerweise gehen wir lieber im Schein eines Lichtes. Dabei können wir den Schatten, der uns folgt, nicht sehen; andere entdecken ihn oft früher als wir selbst. Ebenso erkennen die anderen oft besser die dunkle Seite unseres Wesens, die wir zu sehen uns weigern.

Der feine äußere Schatten, der in der Mittagssonne nur ganz schmal ist, wird immer breiter, je weiter der Tag zur Neige geht. Schließlich umfängt er während der Nacht den gesamten Raum. Das gleiche gilt für unseren psychischen Schatten. Während unseres Wachzustandes ist er ganz klein, doch während wir schlafen, nimmt er gewaltige Ausmaße an und schleicht sich in unsere Träume ein.

So kommt es, dass unsere Träume uns all das, was wir tagsüber aus dem Anliegen, „unser Gesicht zu wahren", zu kaschieren versucht hatten, in der Nacht offenbaren, so als wollten sie dem Teil der Wahrheit, den wir verborgen hatten, zu seinem Recht verhelfen. Das erklärt, was für verblüffend

Die Vorstellung Jungs vom Aufbau der Psyche

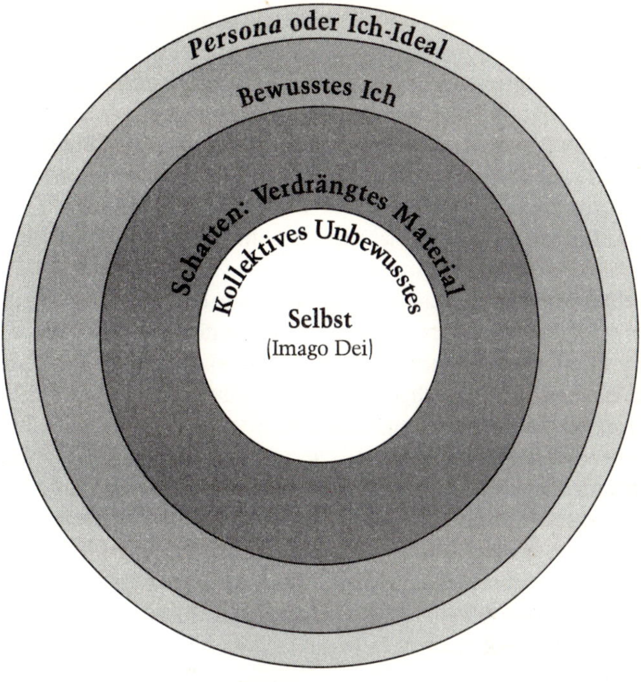

Das Selbst: das Zentrum der Psyche, unbewusst und bewusst

Das Ich: bewusster Teil der Psyche

Die *persona*: an die Umwelt angepasster Anteil

Der Schatten: verdrängter Teil, weil die *persona* angepasst sein will

abstoßende und bedrohliche Symbole zuweilen in unseren Träumen verwendet werden. Sie bringen auf recht brutale Weise das verdrängte Material ans Licht: die Mutter wirkt darin vielleicht wie eine Hexe, der Chef wie ein Tyrann, die Nachbarin wie eine Hure usw. Der Traum erhellt gnadenlos alles, was hinter unseren Alltagslügen steckt, deren wir uns leichtfertig bedienen, um den Schein zu wahren und uns an die Regeln des Wohlverhaltens anzupassen. Von da her erscheint es plausibel, wenn es heißt, manche buddhistischen Mönche, die völlig darauf verzichten, der Umwelt gegenüber das Gesicht zu wahren, träumten überhaupt nicht mehr. Dank des Humors, mit dem sie alles annehmen, was sich in ihnen regt, müssen sie so gut wie nichts mehr verdrängen.

Die Redewendungen, bei denen man das Bild vom Schatten verwendet, veranschaulichen ganz gut die Reaktionen, die der verdrängte Bereich der Psyche auslöst. So sagt man von jemandem, der ständig vor der Wirklichkeit davonläuft, er „laufe vor seinem eigenen Schatten davon". Von jemandem, der nicht recht bei Verstand zu sein scheint, sagen wir: „Er hat einen Schatten", und wenn jemand sich von einem anderen ganz vereinnahmen lässt, sagt man von diesem: „Er folgt ihm wie sein eigener Schatten." Auch das Sprichwort: „Niemand kann über seinen eigenen Schatten springen" weist recht deutlich darauf hin, dass man seine verdrängte Innenwelt nicht loswerden kann.

3. Die verschiedenen Formen des Schattens

Je nachdem, von welcher Beschaffenheit das unterdrückte Material ist, unterscheidet man zwei Formen des Schattens: den schwarzen und den weißen Schatten. Der schwarze Schatten besteht aus allen verdrängten Instinkten, wie etwa der Sexualität und der Aggressivität. Er entwickelt sich vor allem bei Menschen, die den Ruf besonderer Geradlinigkeit und Tugend erworben haben. Gelegentlich veranstaltet der schwarze Schatten, den sie nicht hatten wahrhaben wollen, einen Aufstand gegen die von der Umgebung hochgehaltenen

Werte: Er revoltiert gegen die Regeln der Gesellschaft, übertritt Gesetze, rivalisiert mit anderen, entwickelt Gefühle des Hasses und der Eifersucht, will andere beherrschen, lässt ungeordnete sexuelle Triebe aufbrechen usw.

Der weiße Schatten ergibt sich daraus, dass man die tugendhafte und spirituelle Seite seines Wesens nicht genügend entwickelt oder verdrängt hat. Er entsteht, wenn jemand von früher Jugend an unter dem starken Druck seiner familiären und sozialen Umgebung gezwungen war, fragwürdige Verhaltensweisen und innere Einstellungen zu entwickeln. Ich will vier Beispiele für diesen weißen Schatten nennen. Da gibt es etwa den „Mafioso", der ganz darauf aus ist, andere auszubeuten, was in ihm jede natürliche Neigung zur Ehrlichkeit und Großzügigkeit gegen andere erstickt. Sein weißer Schatten besteht folglich aus den unterdrückten Tugenden der Ehrlichkeit und des Mitleids. Als zweiter Fall sei ein jugendlicher Straftäter genannt, der in seiner Bande wegen seiner Disziplinlosigkeit und seiner spektakulären Ausfälle großes Ansehen genießt. Ihm war beigebracht worden, dass jede Gesetzesbeobachtung vom Übel sei und er folglich jegliche Disziplin aus seinem Leben verbannen müsse. Sein weißer Schatten wird also die Gewohnheit, sich an eine gewisse Disziplin zu halten. Ein dritter Fall wäre ein ausschweifender Mensch, der jegliche sexuelle Enthaltsamkeit verabscheut. Diese natürliche Tugend hat er in seinem Schatten vergraben. Und als letztes Beispiel sei ein militanter Atheist genannt, der im Zustand der Trunkenheit ein merkwürdiges Verhalten an den Tag legt: Er wirft sich auf die Knie und spricht Gebete. Der Rausch erlaubt es ihm, die spirituelle Seite seines Wesens ans Licht kommen zu lassen. Die Welt des Spirituellen stellt also den „weißen" Aspekt seines Schattens dar.

Verschiedene durch die Umgebung bedingte Arten von Schatten

Der Schatten lässt sich je nach der Umgebung einteilen, die ihn verursacht hat. So sprechen wir vom Schatten der Familie, der Institution und der Nation.

Der Schatten der Familie

Familien geben nicht nur Werte und positive Überzeugungen weiter, sondern auch Schattenzonen, die das Ergebnis kollektiver Verdrängungen sind. So können sich tragische Ereignisse, die bestimmte Familien heimgesucht hatten, bei ihnen in Mythen umwandeln. Auch schlecht bewältigte Trauer kann sie immer wieder plagen, oder Skandale in der Familie werden zu streng gehüteten Geheimnissen. Außerdem neigen Verletzungen, Tragödien und Dramen, die ins Unbewusste der Familienerinnerung verdrängt wurden, dazu, sich von einer Generation zur anderen zu wiederholen. Daraus ergibt sich, dass die Nachkommen unvermeidlich immer wieder die gleichen Dramen neu erleben und die gleichen Verdrängungen vornehmen müssen, ohne recht zu wissen, warum.

Mir fällt da zum Beispiel der Fall der Familie ein, in der die Eltern den Kindern streng verboten, jemals baden zu gehen. Sie beharrten auf diesem Verbot ganz absolut, ohne das je wirklich begründen zu können. Doch Kennern der Geschichte dieser Familie war das unbewusste Motiv hinter diesem Verbot durchaus klar: Zwei Kinder der Urgroßeltern waren einmal beim Baden ums Leben gekommen, und seither wurden immer wieder alle ihre Nachkommen von einer irrationalen Angst vor dem Wasser befallen.

Das ist kein Einzelfall. In allen Familien verbieten die Eltern ihren Kindern den Ausdruck bestimmter Gefühle oder die Entfaltung bestimmter Eigenschaften oder Talente, um ihnen irgendein bestimmtes Verhalten beizubringen; dahinter steckt das unbewusste Sorgebedürfnis der Familie, bestimmte unangenehme Situationen zu vermeiden. Indem sie das tun, halten sie sich an die Zwänge der Schattens der Familie. Diese Verpflichtungen haben in der Familie Gesetzeskraft. Die Kinder gehorchen gefügig den Verboten der Eltern, aus Angst davor, sonst von diesen abgelehnt zu werden, welches Risiko sie auf keinen Fall eingehen wollen. Dieser Mechanismus funktioniert umso besser, als die nicht verbal geäußerten Verbote das Unbewusste leichter erreichen und folglich über größere Überzeugungskraft verfügen.

Eine Anzahl dieser Familienzwänge ist von den Vertretern der Transaktionsanalyse systematisch erfasst worden. Dabei ist festzustellen, dass sie alle negativ formuliert sind. Hier eine kurze Liste: Sei überhaupt nicht da; sei nicht du selbst; sei kein Junge (kein Mädchen); sei kein Kind; werde nicht groß; habe keinen Erfolg; sei nicht gesund; lass dich auf nichts ein oder werde in deinen Beziehungen nicht intim; denke nicht selbstständig; sei nicht empfindlich. Es wäre zweifellos aufschlussreich, den Einfluss derartiger Befehle auf die Ausbildung des Schattens beim Kind zu erhellen. Doch eine solche Beschreibung würde den Rahmen meines Vorhabens hier sprengen.

Zuweilen konzentriert sich der Schatten einer ganzen Familie auf ein einziges ihrer Mitglieder. Das ist der klassische Fall des „schwarzen Schafs", das von den Verhaltensregeln und Normen der Familie abweicht. Der „zum Patienten Gestempelte", wie man ihn in der Familientherapie nennt, erfüllt die Funktion, das Gleichgewicht eines angeschlagenen Familiensystems wieder herzustellen. Die heikle Aufgabe des Therapeuten besteht dabei darin, der Familie zur Einsicht zu verhelfen, dass das gesamte Familiensystem beschädigt ist und nicht etwa nur das „schwarze Schaf", das lediglich der Reflex der angeschlagenen Familie ist. Durch sein Verhalten offenbart es den mangelnden Aspekt im Wachstum der Familie. So können zum Beispiel der Leichtsinn und die Frivolität eines „zum Patienten Gestempelten" deutlich darauf hinweisen, dass man in der Familie durch allzu große Ernsthaftigkeit und Starrheit sündigt.

Der Schatten der Institution

Die menschlichen Gemeinschaften neigen dazu, bestimmte Werte zum Nachteil anderer Werte zu bevorzugen, die sie für unnütz oder sogar schlecht halten. Der Schatten des Gründers einer Gemeinschaft mit seinen Tabus und Verboten hinterlässt seinen nachhaltigen Eindruck im Schatten der Gruppe. Sogar noch nach seinem Tod suchen der Geist und der Schatten des Gründers die Mitglieder seiner Gemeinschaft heim.

Hier zur Veranschaulichung dafür, wie der Schatten einer Institution entsteht, ein Beispiel. In einem Ausbildungshaus für künftige Priester legten zwei Ausbilder einen besonderen Eifer an den Tag, bei den Seminaristen auch nicht die geringsten Anzeichen der Homosexualität und des Alkoholismus aufkommen zu lassen. Schon die harmloseste freundschaftliche Geste wie etwa, dass man einem Kameraden auf die Schulter klopfte, wurde als Zeichen der Homosexualität ausgelegt. Oder wenn man zu rasch ein Glas mit einem alkoholischen Getränk leerte, galt das als Mangel an Selbstbeherrschung, wie er für Alkoholiker typisch sei. Das Ergebnis war, dass alle Mitglieder dieser Institution wie besessen von der Sorge wurden, an allen Ecken und Enden Anzeichen der Homosexualität und des Alkoholismus zu entdecken. Die Seminaristen belauerten sich schließlich gegenseitig, ob jemand auch nur den leisesten Ansatz zu einem dieser Laster zeige. Die Schatten der beiden genannten Ausbilder hatten es also schließlich fertig gebracht, die Köpfe aller jungen Männer in diesem Haus zu verseuchen. Angesichts dieser fixen Zwangsvorstellung, es gelte um jeden Preis die Homosexualität und den Alkoholismus zu meiden, war die Sorge um das harmonische Zusammenleben, die Brüderlichkeit, ein solides Gebetsleben, die Dienstbereitschaft, das intensive Studium, also um alle diese förderungswürdigen Anliegen, bei Erziehern wie Seminaristen ganz in den Hintergrund getreten.

Eine Institution, deren Mitglieder nicht in der Lage sind, deren Schatten zu erkennen, kommt nach und nach von ihren eigentlichen Zielen ab. Was aber noch schlimmer ist: Wenn man darin völlig vom Schatten in Beschlag genommen ist, kommt es schließlich so weit, dass man ausgerechnet das fördert, was man zu meiden versucht hatte.

Der Schatten der Nation

Auch auf der Ebene einer Nation gibt es Schatten. Um das zu merken, genügt es, in ein fremdes Land zu reisen. Man wird recht bald feststellen, dass die Menschen dieses Landes nicht genau wie die Bewohner des eigenen denken. Ein Fehler, den man hat, wird dort vielleicht als eine positive Eigenschaft angesehen. So kann zum Beispiel die Art, wie sich ein Pariser gibt, jemandem aus Québec als anmaßend erscheinen, während die Zurückhaltung dessen aus Québec von dem aus Paris als Schüchternheit ausgelegt wird.

Je mehr sich eine Nation abkapselt, desto blinder wird sie für ihre eigenen Fehler und Mängel, und desto eher neigt sie dazu, ihre Ängste, Abneigungen und Atavismen auf die benachbarten Nationen zu projizieren. Nur der ständige Kontakt eines Volkes mit einem anderen hilft dazu, die Schwachstellen und Defizite des eigenen Nationalcharakters zu erkennen. Wo ein Volk nicht auch die Sitten anderer Völker kennen und schätzen lernt, hegt es Vorurteile, die seinem eigenen nationalen Schatten entstammen. Der Spott, mit dem man über Nachbarvölker spricht und die rassistischen Spitznamen, die man ihnen gibt, sind deutliche Zeichen dafür, dass hier Projektionen des nationalen Schattens stattfinden.

In Kriegszeiten wird die Projektion des kollektiven Schattens auf den „Feind" von den Medien unterhalten und verschärft. Alles, was man an sich selbst abscheulich und tadelnswert findet, dichtet man in blindem Eifer dem Gegner an. Während des Zweiten Weltkriegs wurde das deutsche Volk mit allen nur erdenklichen Fehlern ausgestattet. Während des anschließenden Kalten Kriegs waren die Russen an der Reihe, völlig einseitig als Bösewichte verurteilt zu werden. Oder die Schwarzen waren lange Zeit die Zielscheibe des Schattens der Weißen. Ebenso waren die Juden die bevorzugten Opfer des kollektiven Schattens etlicher anderer Völker. Minderheiten, Fremde oder große Geister wirken durch ihr Anderssein und ihre Originalität immer störend. Sie laufen Gefahr, zu Sündenböcken zu werden und mit allen negativen Neigungen des eigenen nationalen Schattens versehen zu werden.

Sind nun aber die Nationen als solche für immer darauf angewiesen, sich unablässig Feinde oder Sündenböcke zu erschaffen und sie mit ihren kollektiven Schatten auszustatten? Ist der Traum Illusion, eines Tages könnten sich alle Nationen in voller Wahrhaftigkeit begegnen und jede hätte ihren eigenen Schatten gezähmt, statt ihn auf eine andere Nation zu projizieren und zu versuchen, diese zu vernichten?

Die so genannten „primitiven" Gesellschaft haben instinktiv ein Korrektiv zu den Abirrungen ihres kollektiven Schattens gefunden: Bei ihnen werden einige der Mitglieder dazu bestimmt, die Rolle des kollektiven Schattens zu „spielen" und die Gruppe so weit zu bringen, dass sie ihre Gewohnheiten und Denkweisen relativiert. Bei den Sioux Amerikas übte der Heyhoka diesen sakralen Dienst aus, den Schatten der Gruppe zu spielen. Er verrichtete systematisch eine ganze Reihe von Tätigkeiten genau umgekehrt, als sie allgemein üblich waren: So bestieg er etwa sein Pferd mit vom Tier abgewandtem Gesicht; er baute sein Zelt so auf, dass dessen Öffnung genau in der Gegenrichtung aller anderen Zelte lag; er ging sogar so weit, während der religiösen Zeremonien seine Notdurft zu verrichten.[14] Er machte sich ständig einen Spaß daraus, gegen die Regeln und Normen seines Stammes zu verstoßen.

Auch der Narr am Königshof spielte beim Herrscher eine ähnliche Rolle: Er sagte ihm alles offen ins Gesicht, was seine Höflinge ihm zu verbergen versuchten.

Oder erinnern wir uns auch an die bezeichnende Funktion des „Narrenfests" im Mittelalter, an dem alle sozialen Rollen auf den Kopf gestellt wurden. Da wurde dann zum Beispiel der Stadttölpel als König eingesetzt; man feierte Messen, bei denen Esel an Stelle der Prälaten als Hauptzelebranten eingesetzt wurden. Heute sind es die Clowns und Komödianten, die ein Stück weit diese Funktion ausüben. Sie zeigen uns unsere gemeinsamen Verschrobenheiten auf und führen uns so unseren nationalen Schatten vor Augen.

Zum Abschluss

Seit C.G. Jung seine ersten Intuitionen über die Existenz und Natur des Schattens veröffentlichte, ist eine Fülle von Schriften zu diesem Thema erschienen. Jung wäre vielleicht nicht in allen Punkten mit seinen Schülern einer Meinung. Bekannt-

---

[14] D.M. Dooling, „The Wisdom of the Contrary", in *Parabola, the Trickser* vol. 5 no. 1 (1979), 55.

lich befürchtete er, sie würden Thesen verbreiten, die er so nie formuliert hatte und Theorien aufstellen, die seinem Denken fremd sein könnten. Als man ihn einmal bat, seinen Begriff des Schattens noch genauer zu präzisieren, lehnte er das ab und sagte beiläufig: „Der Schatten ist das Gesamt des Unbewussten." Ich hoffe, meine Klärungsversuche, bei denen es mir darum geht, das psycho-spirituelle Wachstum meiner Leser zu fördern, tragen nicht dazu bei, das Denken Jungs über den Schatten zu verfälschen.

Drittes Kapitel

Die Ausbildung des Schattens

Bis in unsere dreißiger Jahre
verbringen wir den lichtesten Teil
unserer Zeit mit dem Entscheiden darüber,
welche Aspekte unserer selbst
wir in unsere Mülltonne stecken.
Den Rest unseres weiteren Lebens widmen wir
dann dem Versuch, sie daraus wieder hervorzuholen.

ROBERT BLY

Die Geschichte vom Mann mit den sieben Masken

Es war einmal ein Mann, der trug sieben verschiedene Masken, für jeden Tag des Woche eine. Wenn er morgens aufstand, bedeckte er sich immer unverzüglich sein Gesicht mit einer seiner Masken. Sodann kleidete er sich an und ging zur Arbeit aus dem Haus. Er lebte auf diese Weise, ohne jemals irgend jemandem sein wahres Gesicht zu zeigen.

Doch eines Nachts, während er fest schlief, stahl ihm ein Dieb seine sieben Masken. Als er aufwachte und den Diebstahl feststellte, schrie er völlig kopflos: „Haltet den Dieb! Haltet den Dieb!" Dann rannte er auf der Suche nach seinen Masken durch alle Straßen der Stadt.

Die Leute sahen ihn wild gestikulieren, fluchen und die ganze Welt mit den schlimmsten Schicksalsschlägen bedrohen, wenn er nicht seine Masken wieder finden könne. Den ganzen Tag verbrachte er damit, nach dem Dieb zu suchen, aber es war alles umsonst.

Verzweifelt und untröstlich brach er zusammen und weinte wie ein kleines Kind. Die Leute versuchten ihn zu trösten, aber nichts konnte ihm aus seinem Unglück helfen.

Da kam eine Frau vorbei und fragte ihn:

Freund, was ist mit dir los? Warum weinst du so?

Er hob den Kopf und gab mit erstickter Stimme zur Antwort:

Man hat mir meine Masken gestohlen und mit derart unverhülltem Gesicht fühle ich mich viel zu verletzbar.

Tröste dich, sagte sie, schau mich an: Ich habe von Geburt an immer mein Gesicht gezeigt.

Er sah sie lange an und erkannte, dass sie sehr schön war.

Die Frau beugte sich zu ihm herab, lächelte ihm zu und trocknete ihm die Tränen ab.

Da spürte dieser Mann zum ersten Mal in seinem Leben auf seinem Gesicht, wie wohl es tat, zärtlich berührt zu werden.

Tadjo

1. Die Ausbildung der *persona*

Der Begriff des Schattens bleibt unverständlich, solange man nicht auch den Begriff der *persona* kennt. Dieser wesentliche Bestandteil der Persönlichkeit wird auch als *Ich-Ideal* bezeichnet. Seit Jung wird mit dem Begriff *persona* im engeren Sinn das soziale Ich bezeichnet, das sich aus den Bemühungen ergibt, sich an die sozialen, moralischen und erzieherischen Normen seiner Umgebung anzupassen. Die *persona* verbannt aus ihrem Bewusstseinsbereich alle die Elemente – Gefühle, Charakterzüge, Talente, Einstellungen –, die in den Augen der für sie wichtigen Personen ihrer Umgebung als nicht akzeptabel gelten. Damit erschafft sie zugleich, wie bereits oben gesagt, im Unbewussten ein Gegenstück ihrer selbst, dem Jung den Namen **„der Schatten"** gegeben hat. *Persona* und Schatten verhalten sich also wie die Vorder- und Rückseite einer Münze zueinander.

Jung griff mit seinem Begriff der *persona* auf denjenigen des *prosopon* zurück. Damit wurde im griechischen Theater

Beispiele für die Polarisation von Eigenschaften der *persona* und des Schattens

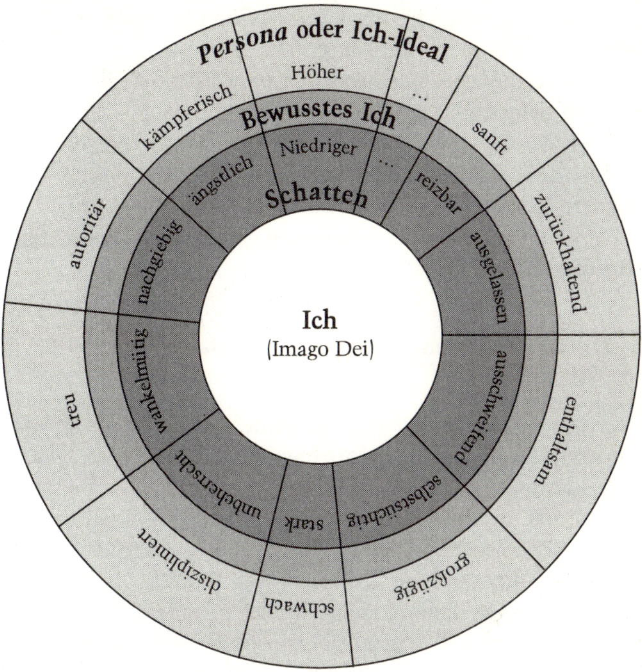

die Maske bezeichnet, die die Schauspieler trugen, um damit eine bestimmte Person der Handlung darzustellen. Das lateinische Wort *persona* enthält zudem die Bedeutung von *per-sonare*, „hindurchtönen". Tatsächlich wurde die Schauspielermaske sowohl dazu verwendet, seine Stimme durch sie wie durch einen Trichter zu verstärken als auch den Charakter der Person zu kennzeichnen, die man spielte. Jedes *prosopon* stellte eine bestimmte Haltung des Menschen dar, etwa den Eifersüchtigen, den Habgierigen, den Gutmütigen usw. Die Maske war also nicht Ausdruck des persönlichen Dramas des Schauspielers, sondern die Darstellung einer allgemein gültigen Konfliktsituation. Auch die Stimme des Schauspielers verriet nicht dessen eigene Gefühle und Empfindungen.

Das Dilemma zwischen dem persona-Ich und dem inneren Ich

Wenn jemand seine *persona* ausbildet, geht das nicht ohne bestimmte Probleme ab: Läuft er nicht Gefahr, dass er seine wahre Identität versteckt, wenn er die verschiedenen sozialen Rollen spielt, die ihm von seinem sozialen Umfeld abverlangt werden? Mit anderen Worten: Führt das Bemühen eines Menschen, sich an die vom Kollektiv als „korrekt" geforderten Verhaltensweisen anzupassen, Rollen zu spielen und die in ihnen implizierten Werte zu übernehmen, nicht dazu, dass er seine eigene Originalität verliert („seine innere Stimme", um den Ausdruck von Erich Neumann zu gebrauchen)? Man braucht gar nicht so weit zu gehen, von einem völligen Verlust der eigenen Identität zu sprechen, um jedenfalls anzuerkennen, dass in Folge der Aktivität der *persona* ein radikaler Gegensatz zwischen dem sozialen Ich und dem inneren Ich entsteht. Denn während sich das *persona*-Ich bemüht, sich an die es umgebende Gesellschaft anzupassen, verliert andererseits das innere Ich an Bedeutung. Besteht dann nicht die Gefahr, dass dieses innere Ich sich ganz in den Schatten zurückzieht, um das Feld und alle Energie der *persona* zu überlassen, die ständig darum bemüht ist, sich nach der äußeren Welt auszurichten? Aus diesem Grund sagte Jung im Gefolge der großen spirituellen Meister: „Die Maske kennt nicht ihren Schatten."

An diesem Punkt sieht man sich vor die auf den ersten Blick unlösbare Schwierigkeit gestellt, sich an seine Umgebung anpassen zu müssen, ohne jedoch das Wachstum seines inneren Ich vernachlässigen zu dürfen. Das ist ein tatsächliches Dilemma. Einerseits muss man ständig an der Entwicklung seiner *persona* arbeiten, weil man sonst Gefahr läuft, das für den Menschen unerlässliche Dazugehören zur Gesellschaft zu beeinträchtigen, und andererseits muss man auf das Wachstum seines inneren Ich bedacht sein und es vermeiden, allzu viel Energie dafür aufzuwenden, sich an sein soziales Umfeld anzupassen. Wie kann man das richtig anstellen?

Dem Kind helfen, sich ein soziales Ich aufzubauen ...

Hier ist es wichtig, die Notwendigkeit zu betonen, sich zuerst ein gesundes und stabiles soziales Ich (eine *persona*) aufzubauen, das die Arbeit an seinem Schatten zunächst einmal auf später zu verschieben bereit ist. Doch manche Autoren vertreten, bei einer vollkommenen Erziehung müsse man es fertig bringen, dass das Kind gar nicht erst einen Schatten ausbilde, damit es dann später als Erwachsener darunter nicht zu leiden habe. Sie sehen im Prozess der Sozialisation den Grund dafür, dass sich auf verhängnisvolle Weise die Schattenzone der Persönlichkeit ausbilde.

Aus der gleichen Logik heraus vergleichen die beiden Schriftsteller Robert Bly und Alice Miller das Wachstumspotenzial eines Kindes mit einer Kugel, die sich frei nach allen Seiten zugleich ausdehnen wolle. Das würde heißen, dass jedes Verbot die spontane Entfaltung des Kindes bremsen und dabei einen schädlichen Schatten schaffen würde. Eine solche Vorstellung kommt ziemlich dem utopischen Denken von Jean Jacques Rousseau nahe. Diesem zufolge wird die an sich vollkommene Natur des Kindes durch den Kontakt mit der Gesellschaft, deren Vertreter die Eltern und Erzieher sind, verdorben.

Meiner Überzeugung nach ist es unrealistisch zu glauben, die Entwicklung des Kindes könne erfolgen, ohne dass die Eltern und Erzieher manche seiner narzisstischen und instinktgesteuerten Antriebe zügeln müssten, die seiner Sozialisation schaden würden. Würde man den soziologischen Kontext eines Kindes – den seiner Familie, Gesellschaft und Kultur – ausschließen, um es ganz gegen den Einfluss der Gesellschaft abzuschirmen, so würde man es praktisch in ein in sich selbst geschlossenes Universum einsperren, das demjenigen eines autistischen Kindes gliche.

Man hat nicht selbst die Wahl, ob man einen Schatten haben will oder nicht. Die Notwendigkeit, sich ein soziales Ich aufzubauen, führt unvermeidlich zum Aufbau eines Schattens. Es ist eine Illusion zu glauben, man könne beim Aufziehen eines Kindes versuchen, dieses Phänomen zu vermeiden.

… ohne einen zu großen Schatten entstehen zu lassen

Im Idealfall würde sich das soziale Ich – die ideale *persona* – dank einer geschmeidigen und vernünftigen Anpassung an die sozialen Werte und Normen seiner Umgebung entfalten. Im Maß des Möglichen muss die Sozialisierung des Kindes so gelenkt werden, dass man dabei die tiefsten Wünsche seines inneren Ich respektiert. Zu diesem Zweck sollte der umsichtige Pädagoge das Verhalten des Kindes so maßregeln, dass er dabei sorgfältig auf dessen Erregbarkeit sowie instinktive Neigungen und egozentrische Züge achtet. Bei den Anlässen, wo er seinem ausufernden Verhalten Grenzen setzen muss, sollte er es vermeiden, die Gefühle und Empfindungen des Kindes zu vergewaltigen. So kann zum Beispiel eine Erzieherin einem wütenden Kind, das zornig auf seinen Spielgefährten einschlägt, durchaus das Schlagen verbieten und ihm zugleich zu verstehen geben, dass Zorn zu empfinden richtig sein könne. Dadurch würde sie vermeiden, dass das Kind auf unangemessene Weise seinen Zorn verdrängen würde; und andererseits würde sie es anregen, nach positiveren Weisen zu suchen, wie es diesen Zorn zum Ausdruck bringen kann.

2. *Persona* und falsches Ich

Die *persona* eines Menschen erfüllt also die Funktion, es ihm zu ermöglichen, sich an die Ansprüche seines sozialen Milieus anzupassen und ihm zu helfen, sich dementsprechend zu verhalten. Aber es kommt vor, dass die Anpassung an das Milieu pathogene Züge annimmt. Sie führt dann zur Ausbildung dessen, was Winnicot als „falsches Ich" bezeichnet hat.[15] Diese Pathologie entwickelt sich in der Primärbeziehung zur eigenen Mutter. Wenn das Kind zu viele Frustrationen erfährt, erfolgt seine Anpassung an die Welt der Mutter auf defensive Weise. Stößt es bei seiner Mutter oder bei seinen Erziehern auf zu viele inkohärente Reaktionen, so bleibt ihm keine andere Wahl, als gegen eine Welt, die es als Beeinträchtigung oder Bedrohung erlebt, eine Verteidigungshaltung aufzubauen. Unter diesen Umständen wird die normale Entwicklung des sozialen Ich (der *persona*) vereitelt. Das Kind baut sich stattdessen eine pathogene *persona* auf. Diese krankhafte Anpassung erweist seinem bewussten Ich keinen wirklichen Dienst, sondern bewirkt, dass es sich von seiner Umwelt entfremdet. Die falsche *persona*[16] versucht nicht mehr, sich auf normale Weise an ihre Umgebung anzupassen, sondern sucht Mittel und Wege, sich gegen eine als feindlich empfundene Welt abzuschirmen.

Das Individuum, das sich auf diese Weise einen *persona*-Panzer zugelegt hat, wagt es nicht mehr, seine wirklichen Empfindungen und Gefühle mitzuteilen; es zeigt nur noch das, wovon es glaubt, dass es in den Augen seiner Erzieher Gefallen finden wird. Dank dieser Taktik – die man in der Transaktionsanalyse als *racket feelings*, „Gefühlsmaschen" oder „Ersatzgefühle" bezeichnet –, bekommt das Kind den Eindruck, es könne in einer Umgebung überleben, die es als ungesund und feindselig empfindet.

---

[15] D. W. Winnicot, *Processus de maturation chez l'enfant*, Paris 1974, 118.

[16] Das *false self*, „falsche Selbst", wie es der englische Psychologe und Spezialist für die Psychologie der Kindheit Winnicot genannt hat.

Die Erfahrung, die beim Kind diese Abwehrreaktion ausgelöst hat, erklärt, weshalb es Verhaltensweisen an den Tag legt, die darauf abzielen, seine Umgebung zu seinen Gunsten zu manipulieren; Eric Berne, der Begründer der Transaktionsanalyse, hat diese anschaulich beschrieben.[17] Aber es muss für diesen Mangel an Authentizität einen hohen Preis bezahlen. Dafür, dass es der falschen *persona* nicht gelungen ist, sich auf normale Weise an ihre soziale Umgebung anzupassen, erschafft sie sich einen Schatten, der sich dadurch auszeichnet, dass er besonders tief im Unbewussten vergraben ist und sich ganz gewaltig bemerkbar macht.

3. Die Ausbildung eines besonders eigenmächtigen abgespaltenen Schattens

Die Natur des Schattens muss man sich als aus verschiedenen Konstellationen bestehend vorstellen, von denen jede einen „psychischen Komplex" bildet. Jeder Komplex ist aus einem Gefüge von Bildern, Worten und Emotionen zusammengesetzt, die eine autonome und vom bewussten Ich losgelöste Struktur bilden. Diese Struktur stellt eine „Unter-Persönlichkeit" dar, die man mit der „Person" in einem Theaterstück vergleichen könnte, die autonom ist, also unabhängig von dem, der sie in Szene setzt und dessen eigene Persönlichkeit sie umhüllt. Diese Komplexe tauchen oft in den Träumen des betreffenden Menschen auf. Zuweilen üben sie auf ihn einen derartigen Einfluss aus, dass er sich von ihnen buchstäblich besessen fühlt. Die Folge ist, dass das Subjekt Dinge tut, die es eigentlich gar nicht tun möchte und das nicht auszuführen vermag, was es eigentlich ausführen möchte. In diesem Sinn beklagte Paulus, der „alte Mensch" in ihm lasse ihn anderes tun, als er eigentlich tun möchte (Römer 7,19).

---

[17] E. Berne, *Spiele der Erwachsenen*, Reinbek b. Hamburg 1993.

Der Grad der Eigenmächtigkeit jedes einzelnen Schattens

In meiner klinischen Praxis habe ich die Beobachtung gemacht, dass die Schatten meiner Klienten nicht alle über den gleichen Grad an Eigenmächtigkeit und psychischer Autonomie verfügten. Wie lässt sich dieses Phänomen erklären? Wahrscheinlich aus den Umständen, die mit der früheren Traumatisierung verbunden waren und aus der Art der Verdrängung des psychischen Materials.

Unterdrückung und Verdrängung

In der Psychoanalyse unterscheidet man zwei Formen der Unterdrückung des Einzelnen. Die erste wird als „Repression" bezeichnet. Sie ergibt sich aus der freiwilligen Unterdrückung einer bestimmten Emotion oder Einstellung. Da die Repression bewusst, reflektiert und freiwillig ist, erschafft sie gewöhnlich beim Betreffenden keinen Schatten.

Die zweite Form der Unterdrückung wird als „Verdrängung" bezeichnet. Sie besteht darin, dass man ein psychisches Potenzial ins Unbewusste abschiebt, ohne sich dessen bewusst zu sein. Dabei unterscheidet man zwei Typen von Verdrängung: Die erste ergibt sich aus Mangel an Gelegenheit, bestimmte Dinge zu lernen; die andere entsteht infolge einer psychischen Verletzung.

Beschreiben wir zunächst den ersten Typ des Verdrängens genauer. Es gibt Menschen, die aus verschiedenen Gründen nicht die Möglichkeit hatten, ihr gesamtes Potenzial auszuschöpfen: vielleicht wegen des Unwissens ihrer Erzieher, dem Fehlen entsprechender Möglichkeiten, einer feindseligen Umgebung usw. Der sich angesichts dieses nicht genutzten Potenzials ergebende Schatten nimmt ein primitives und unkultiviertes, aber nicht aggressives Wesen an. Man könnte ihn mit einem Kind vergleichen, das jahrelang in einem finsteren Verlies eingesperrt war. Bei seinem ersten Kontakt mit der Gesellschaft wird es unbedarft, wild und ungehobelt wirken und selbst von den elementarsten Spielregeln des Lebens in der Gesellschaft keine Ahnung haben. Es wird nicht gelernt haben zu sprechen, sich zu waschen, gesittet zu essen, sich in Gesellschaft höflich zu verhalten usw.

Der zweite Typ der Verdrängung ergibt sich aus strengen Verboten der Umgebung des Betreffenden. In diesem Fall wird die psychische Energie eines Menschen in die Tiefen des Unbewussten abgeschoben, ohne dass er das selbst merkt. Der sich aus dieser Art von Verdrängung ergebende Schatten zeichnet sich durch deutliche Eigenwilligkeit und Autonomie aus. Der Betreffende erkennt ihn nicht als ihm zugehörig. Er hat den Eindruck, dieser psychische Komplex sei ihm völlig fremd. Sein Schatten kommt ihm als etwas von ihm „Losgelöstes" vor, und zugleich entzieht er sich seiner Kontrolle. Jemand, der in den Fängen eines derartigen Schattens ist, hat zuweilen den Eindruck, von einer äußeren Macht „besessen" sei, der er ohnmächtig ausgeliefert ist.

Die Identifikation mit dem Angreifer

Wie lässt sich der gewalttätige und „losgelöste" Charakter mancher Schatten erklären? Die beste Erklärung, die ich bislang dafür gefunden habe, besteht darin, dass man nicht nur genau den verdrängten psychischen Inhalt in Betracht ziehen muss, sondern auch die Art und Weise, auf die er verdrängt worden ist. Der betreffende Mensch ist das Opfer eines mit Gewalt ausgesprochenen Verbots und wird dazu verleitet, seinerseits das Verhalten des Urhebers des Verbots anzunehmen. So ließe sich hier der klassische Fall erkennen, dass das Opfer dazu neigt, sich mit dem Angreifer zu identifizieren und in der Folge ihn spontan nachzuahmen. Auf Grund eines nur schwer zu erklärenden Nachahmungsverhaltens hat das Opfer die Tendenz, sich die Gesten, Worte, den Stimmfall, die gewalttätigen Äußerungen und das Schweigen des Angreifers selbst anzueignen. Kurz, der Schatten des verletzten Menschen übernimmt unbewusst die Züge dessen, der ihn verletzt hat.

Folglich ist der Verletzte versucht, die Aggression fortzusetzen, der er selbst ausgeliefert war. Er klagt sich dann selbst an, macht sich Vorwürfe und geht vielleicht sogar so weit, dass er sich selbst verstümmelt. Zudem verspürt er zuweilen ein fast zwanghaftes Bedürfnis, die Menschen in seiner Umgebung anzugreifen. Wer der unbewusste Gefangene eines derart eigenmächtigen Schattens ist, sieht sich dazu verurteilt, abwechslungsweise in Phasen des Masochismus und des Sadismus zu verfallen. Das ist der Ursprung gewalttätiger Äußerungen und sexueller Perversionen, wie sie die Therapeuten bei manchen Patienten beobachten.

Der Schatten als eine Art psychischer Müllsack

Robert Bly veranschaulicht die Ausbildung des Schattens mit dem Bild vom „Müllsack". Er spricht davon, dass es jedes Mal, wenn man ein Gefühl, eine Eigenschaft, einen Charakterzug oder ein Talent verdrängt, so ist, als werfe man bestimmte Teile seiner selbst in den Müllsack. Seiner Ansicht nach sei man während seiner ersten drei Lebensjahrzehnte damit beschäftigt, diesen Müllsack mit wertvollen Anteilen seiner selbst zu füllen. Mit der Zeit werde dieser Sack immer schwerer. Folglich müsse man während seines weiteren Lebens immer wieder darin wühlen und die Aspekte seines Lebens, die man darin verpackt hatte, wieder hervorholen und zu entfalten versuchen.

Wer sich nicht an die demütige und geduldige Erfüllung der Aufgabe macht, den Inhalt seines Sacks nach und nach aufzubereiten, bricht womöglich eines Tages unter seinem Gewicht zusammen: Er wird lethargisch, tritt auf der Stelle, empfindet eine ungeheure innere Leere und verfällt schließlich in Depressionen. Hinzu kommt, dass die kostbaren in den Müllsack gesteckten Elemente des eigenen Wesens durchaus nicht inaktiv bleiben, sondern zu „gären" anfangen, denn sie wollen sich äußern und entfalten. Nach und nach wendet sich die im Sack verschlossene psychische Energie rächend gegen ihren Besitzer; sie plagt ihn mit Zwangsvorstellungen oder bedrängt ihn von außen, indem sie sich auf Wesen in seiner Umgebung projiziert.

Die Bestandsaufnahme des im Müllsack verpackten Materials

Warum verbannt der Mensch ein derart reiches Potenzial in sein Unbewusstes? Unter anderem aus dem Versuch heraus, in einer Umwelt zu überleben, die ihn daran hindert, er selbst zu sein; er fürchtet sich davor, zum sozialen Außenseiter gestempelt zu werden, wenn er es sich gestattet, voll und ganz er selbst zu sein. Diese Angst, mag sie nun begründet oder nur eingebildet sein, nimmt verschiedene Formen an. Sie äußert sich etwa als Angst, die Zuneigung seiner Eltern und nächsten Bezugspersonen zu verlieren; als Angst, schließlich allein dazustehen; als Angst, von der Gruppe an den Rand gedrängt zu werden; als Angst, ausgelacht zu werden; als Angst davor, sich schämen zu müssen; als Angst, nicht ganz richtig oder normal zu sein; als Angst, keinen Erfolg zu haben; als Angst, aus den allgemein geltenden Normen herauszufallen usw.

Beispiele für Verbote seitens der Familie oder Schule

Zur Illustration, welche Verbiegungen in Folge dieser Angst vor dem Abgelehntwerden zustande kommen können, seien jetzt einige praktische Beispiele vorgestellt, wie Kinder mehr oder weniger unbewusst den Ausdruck ihrer Gefühle, Eigenarten, Charakterzüge oder Talente abbremsen mussten.

Ein Familienvater wurde sehr nervös und angespannt und konnte in Wutausbrüche geraten, wenn seine Kinder fröhlich herumtollten und Lärm machten. Sie verstanden recht schnell, dass sie sich nicht wie Kinder verhalten und zappeln, schreien, spielen usw. durften. Das restriktive Verhalten des Vaters erklärte der Umstand, dass er selbst nicht richtig hatte Kind sein dürfen, weil ihm seine Mutter schon von Kindheit an sehr schwere Verantwortung übertragen hatte.

In einer anderen Familie musste restlos alles geteilt und gemeinsam unternommen werden. Die Folge war, dass die Kinder schon bald dazu geführt wurden, jede Form der eigenen Selbstbestätigung zu unterdrücken, wie etwa, einen eigenen Raum für sich zu beanspruchen, einmal allein für sich in einem Zimmer zu sein oder kleine eigene Geheimnisse zu haben.

In einer dritten Familie waren alle Anzeichen der Zuneigung, Äußerungen der Zärtlichkeit oder der Intimität untersagt, aus Angst, sie könnten in sexuelle Gedanken oder Spiele ausarten. Aber gerade dadurch förderten die Eltern, ohne sich dessen bewusst zu sein, bei ihren Kindern eine kalte, distanzierte und sogar von gegenseitiger Verachtung geprägte Verhaltensweise.

Jede Familie hat die Eigenart, den Ausdruck bestimmter Empfindungen und Gefühle zu akzeptieren und andere zu verbieten. In einem Haus hat man vielleicht das Recht, Angst zu zeigen und sich leidend oder schwach zu geben, darf sich dafür jedoch nicht stark, autonom und strotzend vor Gesundheit aufführen. In einem anderen herrscht vielleicht gerade das umgekehrte Gesetz: Hier besteht das Recht, sich stark und gesund zu erweisen, jedoch darf man sich nie abhängig, krank oder leidend geben.

In der Schule kommt es vor, dass manche Lehrer Kinder, die weniger begabt oder von langsamerer Auffassungsgabe sind, herabsetzen. Die betreffenden Schüler erfassen dann bald, dass sie bei solchen Lehrern ihre Langsamkeit, etwas zu begreifen, nicht äußern dürfen, indem sie zum Beispiel Fragen stellen oder sich genügend Zeit zur Lösung einer Aufgabe lassen.

Oder Schüler geben im Religionsunterricht zu, dass sie sich nicht trauen, ihren Eltern ihr Heft mit den Schulaufgaben zu zeigen, und vor allem nicht die von ihnen selbst verfassten Gebete, weil sie befürchten, entweder auf die religiöse Indifferenz ihrer Eltern zu stoßen oder sogar von diesen ausgelacht zu werden.

Bei Kindern und Jugendlichen spielt die Meinung der Gruppe eine ungemein starke Rolle. So sieht sich vielleicht ein Junge von den anderen gezwungen, nicht die korrekte Sprache zu sprechen, die ihm seine Eltern beigebracht haben; wenn er es täte, würde er als „feiner Pinkel" veräppelt. Oder ein Mädchen traut sich nicht, so schöne Zeichnungen anzufertigen, wie sie es könnte, aus Angst, ihre Freundinnen würden auf sie eifersüchtig.

Ein fleißiger Student wird vielleicht von seinen Kommilitonen gehänselt, weil sie ihm nicht verzeihen, dass er immer brillante Beiträge im Unterricht bringt und durch schulische Erfolge glänzt. So lernt er es vielleicht rasch, sich weniger intelligent zu erweisen, um sich den Spott seiner Mitstudenten zu ersparen.

Oder ein Junge traut sich nicht weinen, wenn er sich weh getan hat, weil das „weibisch" wäre. So gibt er sich alle Mühe, die Tränen zurückzuhalten, ja womöglich sogar seinen Schmerz gar nicht zu empfinden.

Oder ein Mädchen möchte es nur allzu gern den Jungen nachtun, hütet sich aber wohlweislich, ebenfalls auf die Bäume zu klettern. Sie möchte nicht von ihren Erziehern als „halber Bub" eingestuft werden. So unterdrückt sie die geringsten „männlichen" Züge ihres Wesens.

Beispiele für Verdrängungen bei wichtigen Übergängen im Leben

Verdrängungen finden ganz besonders oft an den wichtigen Übergängen im Leben statt. Das liegt daran, dass zur Zeit solcher Umbrüche, mögen sie nun durch eine traumatische Erfahrung oder eine Art Bekehrung ausgelöst werden, oft eine radikale Umstellung notwendig wird. Man versucht dann, das, was man in seinem bisherigen Leben war, zu vergessen oder zu leugnen und neigt dazu, kostbare Errungenschaften dieses Lebensabschnitts in den „Müllsack" zu stopfen.

Wer ein ganz neues Leben anfangen will, versucht vergebens, seine Vergangenheit dem Vergessen anheim zu stellen, und zwar sowohl mit ihren kostbaren wie mit ihren mangelhaften Seiten. Diese erschaffen sich vielmehr einen Schatten, der belastend wirkt. Ich denke dabei zum Beispiel an die radikale Einseitigkeit mancher Konvertiten, die damit ihre bisherige religiöse Indifferenz wettmachen wollen. So versuchen sie, ihre „heidnische" Seite ganz auszurotten, die sie weiterhin verfolgt, statt diese in ihr neues Leben zu integrieren. Manche Alkoholiker verhalten sich ganz ähnlich, wenn sie ihre Vergangenheit als Alkoholiker ganz von sich stoßen wollen. Das erklärt, warum manche von ihnen dann gegenüber jeglicher Art des Alkoholgenusses, und sei es in ganz normalen Mengen, völlig intolerant werden.

Einer meiner Klienten hatte erleben müssen, wie ihn seine Frau wegen seiner regelmäßigen Wutanfälle verlassen hatte. Nach seiner Scheidung hatte er sich geschworen, sich künftig konsequent jedes Wutausbruches zu enthalten. Statt dank dieses Bemühens um Selbstbeherrschung zum inneren Frieden zu kommen, lebte er in der ständigen Angst, wieder in seine alte Gewohnheit zurückzufallen. Schließlich belagerte ihn seine nicht gezähmte Wut regelrecht.

Von einem problematischen Abschnitt seines Lebens kann man sich also nicht dadurch befreien, dass man ihn verdrängt. Dafür ein weiteres Beispiel: Eine Frau und Mutter in geordneten Lebensverhältnissen lebte im Glauben, mit ihrem früheren Leben als Prostituierte ein für alle Mal Schluss gemacht zu haben. Aber sie wurde trotzdem immer von der Angst verfolgt, irgendwann könne jemand verraten, was sie früher getrieben habe. Hinzu kam, dass sie sich diese Zeit niemals selbst verziehen hatte. Erst nachdem es ihr gelungen war, sich mit „der Prostituierten in ihr" zu versöhnen, konnte sie im Frieden mit sich selbst leben.

Eine Reihe gängiger Verbote

Mit dieser Aufzählung von Umständen, die solche Verdrängungen auslösen, könnte ich noch weitermachen, aber ich will es dabei bewenden lassen. Stattdessen will ich jetzt eine Reihe von Verboten bezüglich der Äußerung bestimmter Gefühle, Eigenschaften, Charakterzüge oder Talente aufzählen. Dabei ist zu beachten, dass es sich hierbei sowohl um echte Verbote handeln kann als auch um Verhaltensweisen, die der betreffende Mensch von sich aus für verboten hält.

Es könnte sein, dass Sie sich beim Lesen dieser Liste ein Stück weit selbst wiedererkennen. Was Ihnen dabei eventuell zu Bewusstsein kommt, könnte Ihnen zu einer Bestandsaufnahme etlicher der ihn Ihren Schatten verdrängten Inhalte verhelfen. Zugleich bemerken Sie vielleicht noch, dass die lähmende Wirkung dieser Verbote bedeutend verstärkt wird, wenn sie absolut und in negativer Form ausgesprochen werden.

Verbote, man selbst zu werden
Das sind die Verbote, zu wachsen oder sich zu ändern, an sich selbst zu denken, die Aufmerksamkeit auf sich zu lenken, eine Frau bzw. ein Mann zu sein, gesund bzw. krank zu sein, sich Muße zu gönnen, Eigenheiten zu haben, sich um seiner selbst willen geliebt zu fühlen oder auf sich selbst stolz zu sein, sich zurückzuziehen, um gelegentlich allein zu sein usw.

Verbote bezüglich der eigenen Gefühle
Dazu gehören das Verbot, bestimmte Gefühle wie etwa Angst, Eifersucht, zärtliche Zuneigung oder Traurigkeit usw. zu äußern; sogar das Verbot, auch nur in Gedanken manche Gefühle ausleben zu wollen; das Verbot, sinnlich zu sein oder sexuelle Erfahrungen zu genießen, sich „klein" und verletzlich zu fühlen usw.

Verbote bezüglich bestimmter Bildungs- und Berufsinteressen
Hier wären das Verbot zu nennen, etwas Neues auszuprobieren oder zu lernen; das Verbot, etwas nicht zu wissen oder sich unwissend vorzukommen; das Verbot, aus anderen mittels seiner Talente hervorzuragen, etwa beim Zeichnen, Tanzen oder gut Formulieren; das Verbot, kompetent zu sein oder umgekehrt, sich inkompetent zu fühlen, Fehler zu machen, intelligent oder intellektuell zu sein, Erfolg zu haben, ein religiös gläubiger Mensch zu sein, seinen Glauben öffentlich zu bekunden usw.

Verbote im menschlichen Miteinander
Die Verbote, eine enge Freundschaft zu schließen, mit jemandem intim zu werden, seine Zuneigung in Worten oder Ges-

ten zu äußern, jemanden mit einer anderen Rassenzugehörigkeit zu lieben, zu jemandem Vertrauen zu haben usw.

Verbote bezüglich der eigenen Selbstbestätigung
Darunter fallen die Verbote, um etwas zu bitten oder etwas zu verweigern, seine eigene Meinung zu äußern, bestimmte Pläne zu haben, konservativ oder fortschrittlich zu sein, sich zur Unterscheidung zwischen hilfreichen und schädlichen Menschen auf sein eigenes Urteil zu verlassen; das Verbot, auf sich selbst stolz zu sein, sich für liebenswert oder fähig zu halten und das auch zu sagen usw.

Die Lektüre dieses Inventars an Verboten ist Ihnen vielleicht lästig oder sogar bedrohlich vorgekommen. Aber es kommt noch schlimmer. Denn solche Verbote haben oft die Wirkung, das Wissen um die eigenen inneren Reichtümer zu blockieren und deren Entfaltung zu verhindern. Möchte man diese im eigenen Unbewussten vergrabenen kostbaren Anlagen erkunden, so muss man irgendwann mit Demut, Geduld und Mut tief in seinem „Müllsack" zu wühlen anfangen, eine um die andere von ihnen hervorziehen und sich das Recht nehmen, sie gründlich zu nutzen.

Allerdings haben viele Menschen Angst davor, ihren Schatten genauer zu erkunden. Denn das während vieler Jahre vergrabene psychische Material neigt dazu, sich zu verzerren und gewalttätige Formen anzunehmen. Der primitive, wilde und rebellische Charakter des Schattens kann dem Menschen nicht nur Angst machen, sondern ihm auch den Eindruck vermitteln, der Schatten sei etwas moralisch Verwerfliches, das man meiden müsse. Das ist ein schwerer Irrtum, den wir weiter unten in diesem Buch genauer aufklären werden.

Viertes Kapitel

Seinen Schatten lieben

Du kannst nicht von etwas wissen,
ohne auch sein Gegenteil zu kennen.
Du kannst dir nicht die Aufrichtigkeit aneignen,
ohne auch die Heuchelei erfahren
und dich ausdrücklich entschlossen zu haben,
gegen sie zu kämpfen.

ABU UTHMAN MAGHREBI

Der Wolf von Gubbio

Im Städtchen Gubbio in Italien lebten sehr selbstbewusste, ja stolze Leute. Ihr Städtchen war blitzsauber; die Straßen waren gekehrt, die Häuser alle weiß gekalkt, die orangefarbenen Ziegel blitzblank. Die alten Leute fühlten sich wohl, die Kinder hatten Anstand, die Eltern waren fleißig. Die Leute von Gubbio blickten von ihrem Ort an der Flanke des Berges mit Verachtung auf die Ortschaften in der Ebene hinunter. Sie hielten „die Leute da unten" für schmutzig und ziemlich abstoßend.

Doch siehe, im Schutz der Nacht schlich sich ein Ungeheuer nach Gubbio und verschlang zwei seiner Bewohner. Die gesamte Bevölkerung wurde entsetzlich verschreckt. Zwei tapfere junge Männer erboten sich, das Ungeheuer zu töten. Mit gezücktem Schwert lauerten sie ihm auf. Aber am nächsten Morgen fand man nur noch ihre zerfetzten Leiber.

Es griff eine allgemeine Panik um sich. Man brachte heraus, dass es ein riesiger Wolf war, der nachts auf den Straßen auf Beute zog. Um sich seiner zu entledigen, beschloss der Stadtrat, einen Heiligen zu Hilfe zu rufen, der dafür bekannt war, dass er mit den Tieren sprechen konnte. Dieser Heilige war kein anderer als Franz von Assisi. So zog eine Abordnung los, um bei Franz vorzusprechen und ihn inständig zu bitten, den Wolf für immer aus ihrem friedlichen Städtchen zu vertreiben.

Franz ging gleich mit, ließ die Abgeordneten jedoch an einem Kreuzweg allein weiterziehen und begab sich tief in den Wald hinein, um mit dem Wolf zu sprechen, der derart Übles wirkte.

Am nächsten Morgen hatten sich alle Bewohner des Städtchens auf dem Marktplatz versammelt und warteten ungeduldig auf das Kommen von Franz, der längst hätte da sein sollen. Als sie ihn schließlich aus dem Wald kommen sahen, stießen sie laute Freudenrufe aus. Langsamen Schritts bahnte sich der Heilige seinen Weg bis zum Marktbrunnen, kletterte auf dessen Rand und richtete an seine Zuhörer diese Worte: „Leute von Gubbio, ihr müsst von jetzt an eurem Wolf immer etwas zum Fressen geben!" Ohne weitere Erklärung sprang er vom Brunnen und verschwand wieder.

Zuerst waren die Leute darüber ziemlich verärgert. Sie regten sich über Franz auf. Ihre Angst vor dem Wolf wich der Enttäuschung und dann der Wut auf diesen unnützen Heiligen. Aber schließlich wandelten sie ihren Sinn und schickten am Abend einen Mann vors Stadttor hinaus, der dort eine Lammkeule niederlegen sollte. Genauso machten sie es an den folgenden Abenden.

Von da an starb niemand aus Gubbio mehr wegen des Wolfs. Das Leben nahm wieder seinen normalen Gang. Zudem wurden die Leute des Städtchens dank dieser Prüfung weiser. Sie hörten auf, eine überhebliche und verächtliche Haltung gegenüber den Bewohnern der Ortschaften in der Ebene drunten einzunehmen. Die Anwesenheit eines Wolfs in ihrem schönen Städtchen hatte sie demütiger werden lassen.

Drei Begriffe des Unbewussten: bei Freud, Nietzsche und Jung

Jung betrachtete die Integration des Schattens als „das moralische Problem schlechthin". Diese Arbeit besteht darin, seinen Schatten wahrzuhaben, als Teil seiner selbst anzunehmen und ihn ins Gesamt der eigenen Persönlichkeit zu integrieren. Der Mensch, dem es gelingt, „seinen Schatten zu umarmen", gelangt zur Ganzheit und Einmaligkeit.

Für diese Reintegration des Schattens legen Freud, Nietzsche und Jung Schritte vor, die sich in Folge ihrer je eigenen Begriffe von der Natur des Unbewussten und der Beziehungen des bewussten Ich zu diesem voneinander unterscheiden.

Für Sigmund Freud ist das Unbewusste eine Welt voller chaotischer Kräfte, die stets darauf aus sind, die zerbrechlichen Schranken des Bewussten zu durchbrechen. Es gleicht einem Vulkan, der von den instinktiven und ungebändigten Antrieben der Libido angeheizt wird und jeden Augenblick ausbrechen kann. Das diesen Ausbrüchen ausgelieferte Bewusstsein muss sich ein ganzes Abwehrsystem erschaffen. Als Gegengewicht gegen die Schübe der Libido empfiehlt Freud, das Bewusste vor allem mit zwei Abwehrkräften zu versehen: dem „Realitätsprinzip" und der Ausbildung eines soliden auf die Vernunft gegründeten Lebens.

Nietzsche dagegen sah keinerlei Notwendigkeit, sich gegen das Unbewusste zu verteidigen. Zwar vertrat auch er, es sei chaotisch und irrational, aber er teilte nicht Freuds negative Einschätzung dieser Qualität, sondern pries die Spontaneität des Unbewussten und förderte es. Er verherrlichte die unbewussten Kräfte des Übermenschen sowie diejenigen des Untermenschen mit seinen üblen Tendenzen.[18] In ihrer Verformung durch die Nazis dienten derartige Vorstellungen zur Rechtfertigung rassistischer, destruktiver Instinkte.

Jung nahm von diesen beiden extremen Einstellungen Abstand. Für ihn ist das Unbewusste ein Gesamt gegensätzlicher,

---

[18] Zweig a. a. O. 265.

aber komplementärer Kräfte, die der Einordnung bedürfen. Es besteht zunächst aus den jeweiligen Gegenkräften des Ichs und seines Schattens und des Männlichen und des Weiblichen sowie einer unzähligen Zahl archetypischer Polaritäten. Diese Kräfte sind für die in ständiger Fluktuation befindlichen psychischen Spannungen verantwortlich. Dennoch suchen alle diese einander entgegengesetzten Elemente sich zu einem zusammenhängenden Ganzen zu organisieren und das dank der polarisierenden Wirkung des Selbst (siehe Schema S. 154).

In der jungschen Vorstellung von der Entwicklung der Persönlichkeit wird die Notwendigkeit betont, ein gesundes Gleichgewicht zwischen den einzelnen Elementen der Psyche herzustellen. Ganz besonders wichtig ist dabei die Harmonisierung von bewusstem Ich und Schatten, den er als „die Gesamtheit des Unbewussten" definiert. In seinen Augen müssen diese beiden psychischen Einheiten kraft einer vorteilhaften Dialektik ihren Gegensatz im Rahmen eines ausgewogenen Systems beibehalten. Dieser Prozess erinnert an die taoistische Vorstellung von der Wirklichkeit, der zu Folge sich das Universum aus der beständigen und unsichtbaren Harmonie zwischen der grundsätzlichen Polarität von *yin* und *yang* ergibt.

Nach der Auffassung Jungs ist es zudem sehr gefährlich, dem einen oder dem anderen Aspekt der Psyche einen zu starken Vorzug zu geben oder ihn zu sehr abzuwerten. Sooft man den einen zum Nachteil des anderen zu sehr fördert – zum Beispiel das Ich auf Kosten des Schattens oder umgekehrt –, führt man in die Psyche einen Faktor der Unausgewogenheit ein, der sich eventuell in physischen Beschwerden oder psychischen Störungen niederschlägt.

1. Drei Sackgassen, die man bei der Arbeit am Schatten vermeiden muss

Nach Jung besteht die psychische Gesundheit zum Teil darin, ein gesundes Gleichgewicht zwischen dem Ich-Ideal *(persona)* und dem Schatten einzuhalten. Zur Veranschaulichung seien die schädlichen Auswirkungen beschrieben, wenn man eine der Komponenten zum Nachteil der anderen zu stark betont.

Die Identifikation mit dem Ich-Ideal unter Ausschluss des Schattens

Was geschieht mit jemandem, der sich ausschließlich mit seinem Ich-Ideal, das heißt seiner *persona*, identifiziert? Bei einer derartigen Identifikation kommt es zu einer Leugnung nicht nur der Regungen des eigenen Schattens, sondern des eigenen Daseins schlechthin. Zudem sieht man sich dann gezwungen, sich ganz streng an die Moralvorschriften seines sozialen Umfelds zu halten. Man wird von der ständigen Sorge motiviert, von den anderen ausgeschlossen zu werden, was beim geringsten eigenen Verstoß gegen die Regeln zu unkontrollierbaren Ängsten führt. Der betreffende Mensch achtet ungemein sorgfältig darauf, wie seine Umgebung tatsächlich oder auch nur in seiner eigenen Einbildung auf ihn reagiert, ist unablässig auf die Pflege seines Erscheinungsbilds in der Gesellschaft bedacht und verzichtet schließlich so gut wie ganz auf die Erfüllung eigener legitimer Wünsche.

Ein Beispiel dieser Fehlhaltung ist der Typ des Perfektionisten. Er ist unfähig, in Kontakt mit seinem „Gespür" zu bleiben und es zum Ausdruck zu bringen und versucht deshalb, seine Schwächen zu verbergen, aus lauter Angst, bei einem Fehler ertappt zu werden. Er passt ständig angespannt auf, um ja nicht bei seiner Arbeit oder in seinen Beziehungen zu anderen etwas falsch zu machen. So befindet er sich in einem permanenten Stresszustand. Es wundert dann nicht, wenn er sowohl sich selbst als auch anderen gegenüber unerbittlich hart und psychisch, moralisch und spirituell starr ist.

Die Anstrengungen, die der „Perfektionist" aufbietet, um ja nicht seinen Schatten ans Licht kommen zu lassen, werden auf lange Sicht unerträglich. Daraus ergibt sich eine derart hohe psychische Anspannung, dass sie zu allen möglichen schmerzlichen Reaktionen führt: zu Zwangsvorstellungen, unkontrollierbaren Ängsten, Vorurteilen, zwanghaften Ausrutschern auf moralischem Gebiet, ganz zu schweigen von der psychischen Erschöpfung und den depressiven Zuständen, die ihn heimsuchen.

Dieser psychologische Typ entspricht dem Menschen, den der Theologe Richard Côté als den „gegen alles Zweideutige Intoleranten" bezeichnet, mit den „folgenden Zügen: schwaches Selbstwertgefühl, Starrheit im Denken, Engstirnigkeit, dogmatische Überzeugungen, Angst, deutlicher Ethnozentrismus, religiöser Fundamentalismus, konformes Verhalten, Vorurteile und geringe Kreativität."[19]

Auf den ersten Blick ist das ein hoffnungsloses Bild. Aber bekanntlich kann auch Schlimmes zuweilen etwas Gutes bewirken. So wäre die Depression eines Menschen ein klares Anzeichen dafür, dass eine Veränderung angesagt ist und er sich nicht länger einfach mit seinem Ich-Ideal identifizieren sollte. Dieses Phänomen ergibt sich vor allem in der Lebensmitte, also in der Phase des Lebens, in der es besonders wichtig wird, seinen Schatten wahrzuhaben. Der betreffende Mensch sollte dann also erkennen, dass es an der Zeit ist, seinem Schatten Raum zu geben, den er vergeblich zu verstecken versucht hatte.

Die Identifikation nur mit dem Schatten

Die andere unrealistische Möglichkeit, die Spannung zwischen *persona* und Schatten aufzulösen, besteht darin, einseitig der dunklen Seite seiner selbst der Vorzug zu geben und ohne Unterscheidung deren Antrieben zu folgen. Wer sich für diese Lösung entschließt, wird bald zum Opfer seines eigenen Schattens. Er wird alle möglichen untragbaren Verhaltensweisen annehmen: sich eigenartig, instinktiv, primitiv, infantil, regressiv usw. verhalten. Für ihn wird das Leben in der Gesellschaft unmöglich, denn er lässt allen seinen Neigungen zu Sadismus, Neid, Eifersucht, Sex usw. freien Lauf. Kurz, wer sich darauf einlässt, ganz mit seinem Schatten eins

---

[19] R. Côté, „Dieu chante dans la nuit: l'ambiguité comme invitation à croire" in *Concilium* 242 (1992), 120.

zu werden, verurteilt sich dazu, völlig zum Sklaven seiner eigenen Leidenschaften zu werden.

Ich muss hier unwillkürlich an die bedauerlichen Auswirkungen bestimmter Formen der Therapie denken, die vorgeben, dem Einzelnen zur Entfaltung zu verhelfen, indem sie bei ihm jegliche Hemmung abbauen. Menschen, die solchen Praktiken ausgesetzt waren, werden dann oft unfähig, noch gesunde Beziehungen mit ihren Mitmenschen zu unterhalten, mit anderen im Team zusammenzuarbeiten oder ein gesundes Verhältnis zur Autorität zu finden. In den 1960er Jahren waren manche in die „Urschrei-Therapie" Initiierte schließlich nicht mehr in der Lage, mit ihren Familienangehörigen und Arbeitskollegen auszukommen. Ihre einzige Hoffnung auf eine soziale Einbindung bestand noch darin, sich mit solchen zusammenzutun, die die gleiche Therapie durchgemacht hatten.

Robert Lewis Stevenson veranschaulicht in seinem Roman *The Strange Case of Dr. Jekyll and Mr. Hyde* recht gut die Gefahr, die man eingeht, wenn man sich ausschließlich mit seiner Schattenseite identifiziert. Der jungsche Analytiker John Sanford liefert eine scharfsinnige Analyse dieser Erzählung, in der der Titelheld, Doktor Henry Jekyll, immer mehr dem Sog seines Schattens verfällt. Der bislang hochherzige Arzt trinkt ein selbst gebrautes Getränk, durch das er sich Schritt für Schritt in einen üblen Menschen namens Edward Hyde verwandelt. Nach seinen ersten Versuchen, sich mit seinem Schatten zu identifizieren, das heißt mit seinem „anderen Ich" namens Hyde, wird sich Jekyll darüber im Klaren, mit welcher Gefahr er spielt. Er rechtfertigt dieses Abenteuer der Verdoppelung seiner selbst, von der er ahnt, dass sie ihn in den moralischen Verfall führen könnte, als Experiment im Namen der Wissenschaft. Um sich ein gutes Gewissen einzureden, stuft er diese Umwandlung als „harmlos" ein, ja geht sogar so weit, sie lediglich als eine gewisse „heitere Gemütsverfassung" zu betrachten. In Wirklichkeit verschafft ihm sein häufiger Rollentausch mit seinem „Doppelgänger" Hyde ein Vergnügen, das ihn schließlich zu Entgleisungen verführen könnte, deren Konsequenzen er überhaupt nicht tragen müsste.

John Sanford zeigt in seinem Kommentar zu diesem Werk, dass das „Getränk" von Dr. Jekyll aus seiner Kühnheit bestand, ganz sein Einswerden mit seinem Schatten zu bejahen. Statt eine fruchtbare Spannung zu seinem Doppelgänger aufzubauen, verweigerte sich Dr. Jekyll dem Anspruch seiner Lage und zog es vor, sich in Edward Hyde zu verlieren.[20] Im Grunde tut der völlig freizügige Mensch genau dasselbe, wenn er behauptet, die beste Möglichkeit, sich einer Versuchung zu entziehen, bestehe darin, ihr einfach nachzugeben.

In dem Maß, in dem sich Jekyll darauf einlässt, Hyde zu werden, gibt er dem Sog dieser finsteren Seite seiner Persönlichkeit nach. Sein wiederholter Vorsatz, mit der ganzen Geschichte Schluss zu machen – um das zu schaffen, kehrt er sogar zu seiner religiösen Praxis zurück –, schlägt fehl; er kann sich aus den Fängen von Hyde nicht mehr befreien. Schließlich gelangt er an den Punkt, an dem es keine Umkehr mehr gibt und ihm jeder Sinn für Moral und alle Selbstbeherrschung abhanden kommen. Von da an ist er ganz den teuflischen Mächten ausgeliefert, gegen die er nichts mehr ausrichten kann. Er kann seinen sadistischen Regungen nicht mehr widerstehen und ermordet schließlich sogar seinen Kollegen Dr. Carow.

Das Abenteuer des Dr. Jekyll veranschaulicht recht plastisch das Scheitern, in das es führt, wenn man sich ganz den Antrieben seines Schattens überlässt. Bei dieser Haltung löst man nicht die moralische Spannung auf und schafft alles andere als eine Reintegration seines Schattens.

Die abwechselnde Identifikation mit dem Ich und dann wieder mit dem Schatten

Im normalen Leben begegnet man selten derart extremen Fällen wie dem des radikalen „Perfektionisten" oder des Dr. Jekyll. Die dritte und geläufigere Sackgasse ist die, ein Doppelleben zu führen. In diesem Fall führen die betreffenden

---

[20] Zweig, a.a.O. 32.

Menschen gewöhnlich ein einwandfreies moralisches Leben. Sie stehen als tadellose, vorbildliche Ehepartner, Eltern und Mitbürger in einem beneidenswerten Ruf. Doch stellen sich bei ihnen Augenblicke der Ermüdung oder Depression ein. Schließlich genehmigen sie sich gelegentliche Freiheiten gegenüber ihren eigenen Moralvorstellungen. Diese kurzfristigen Ausbrüche nehmen verschiedene Formen von recht unterschiedlicher Schwere an: das können amouröse Seitensprünge sein, sexuelle Abenteuer, Wutanfälle, übermäßiger Alkoholgenuss, kleine Gemeinheiten, Ränke, Verleumdungen usw.

Wenn diese Menschen hie und da einer Versuchung zum Opfer fallen, raffen sie sich schnell wieder auf, bedauern ihren Fehltritt, fassen feste Vorsätze ..., um dann wieder zu fallen. In Wirklichkeit sind sie in einen verhängnisvollen Teufelskreis geraten. Mir fällt da der Fall eines Priesters ein, der für seine unermüdliche Hingabe bekannt war. Nach Phasen intensiver Arbeit ließ er sich von einem Zug seines Schattens zu ungezügeltem sexuellem Handeln hinreißen. Während vieler Jahre pendelte er immer zwischen Phasen restloser Hingabe an seinen Beruf und Phasen sexueller Ausschweifungen hin und her.

Diese Art des Hin- und Herpendelns kennt der Großteil der Alkoholiker nur zu gut: Unter dem Einfluss des Alkohols wird ihr nüchternes und vorbildliches Ich benebelt und kentert im Schatten der Trunkenheit. Das wirkt, als habe man es mit zwei verschiedenen Menschen zu tun. Bemerkenswert ist dabei, dass ihre Alkoholiker-Seite genau die entgegengesetzten Eigenschaften von denen zeigt, die ihre nüchterne Seite an den Tag legt: Im Zustand des Rauschs werden Sanfte gewalttätig; eher als recht zurückhaltend Bekannte werden sexuell plötzlich sehr anzüglich; ansonsten Geizige erweisen sich als spendierfreudig; Atheisten fangen zu beten an usw.

Die solchermaßen zwischen den Strebungen ihres Ich und den Antrieben ihres Schattens hin und her gerissenen Menschen sind anfällig dafür, in regelmäßiger Wiederkehr psychisch und spirituell abzusacken und in einem Teufelskreis befangen zu bleiben.

2. Der rechte Umgang mit dem zunehmend hervortretenden Schatten

Die Spannung zwischen Ich und Schatten annehmen

Einem Dilemma entkommt man nicht dadurch, dass man einen seiner Aspekte eliminiert. Das gilt auch für das Dilemma Ich-Ideal contra Schatten. Alles kommt darauf an, die sich daraus ergebende Spannung zu akzeptieren. Anfangs fühlt sich der betreffende Mensch zwischen diesen beiden scheinbar unvereinbaren, ja widersprüchlichen Wirklichkeiten unerträglich hin und her gerissen. Aber wenn er es fertig bringt, in diesem unbequemen Zustand auszuhalten, erlebt er nach einiger Zeit, das sein Tiefen-Ich, das Selbst, sich daran macht, diese beiden Pole in ein harmonisches Gleichgewicht zu bringen; aus Widersprüchen werden schließlich komplementäre Aspekte.

Die dramatische Auseinandersetzung zwischen Ich und Schatten ist in der symbolischen Literatur, die vom Spirituellen her den Bereich der Psyche anspricht, mit unterschiedlichen Bezeichnungen versehen worden. Es mag hier genügen, wenigstens einige von ihnen zu nennen. Die Alchimisten nennen sie *nigredo*, „Schwärze"; die Mystiker sprechen von der *dunklen Nacht der Seele*; in den Mythen von Osiris und Dionysos wird sie ins Bild von der *Abtrennung der Glieder* des Betreffenden gebracht; im Schamanismus spricht man vom *Zerschlagen in Stücke* und vom *Kochen des Kessels*. Im Übrigen beschreiben die Initiationsriten den Konflikt Ich-Schatten symbolisch als *Folter* oder *Begräbnis*. Oder, was uns näher liegt, im Christentum wird er als *Sterben des alten Menschen* und als *Gekreuzigtwerden* beschrieben.

Jeder Mensch erlebt im Lauf seines psychischen und spirituellen Wachsens und Reifens irgendwann, dass er von Gefühlen und Empfindungen in Beschlag genommen wird, die ihm nicht akzeptabel erscheinen, sowie von starken instinktiven und irrationalen Antrieben. Daher muss er es lernen, ihnen weder freien Lauf zu lassen noch sie zu verdrängen. Er muss ganz einfach wahrhaben, dass diese Regungen ein Bestandteil seiner inneren Dynamik sind und sie annehmen, statt sie ganz von sich weisen zu wollen. Mit dieser Haltung des Annehmens vermeidet er sowohl ihr hemmungsloses Ausbrechen als auch ihr Verdrängtwerden, was im Übrigen ganz der Lehre der Zen-Philosophie über den Umgang mit der Wut entspricht: Sie lehrt, man solle sich dessen enthalten, aus dem Impuls der Wut heraus zu handeln, sie jedoch durchaus zulassen, statt sie zu verdrängen. Wenn man sie stehen lässt und ihr zuschaut, kann man sie am ehesten zähmen.

Im Lauf des Lebens reißt der Schatten immer wieder Klüfte zwischen psychischen Zuständen auf, die in Wirklichkeit miteinander in Harmonie gebracht werden sollten. Robert Johnson[21] vertritt, es stelle einen unschätzbaren Fortschritt für das Bewusstsein dar, wenn man es schaffe, einen Sinn für das Paradoxe im Leben zu entwickeln. Viele Menschen leben auf eine dualistische Weise: Sie lieben entweder, oder sie hassen; sie bringen ihre Gefühle zum Ausdruck oder sie unterdrücken sie; sie arbeiten oder sie widmen sich dem Nichtstun; sie kümmern sich um andere oder nur um sich selbst; sie knüpfen eine Beziehung zu jemandem an oder sie isolieren sich; sie sind tätig oder sie üben sich in der Meditation usw. Doch alle diese scheinbaren Gegensätze erweisen sich für den, der das Leben in der Kategorie des Paradoxen einzuschätzen lernt, als komplementär.

Die Aufrechterhaltung einer dualistischen Einstellung schadet der spirituellen Entwicklung ganz beträchtlich, da jeder Fortschritt auf diesem Gebiet voraussetzt, dass man mit den Widersprüchen der Wirklichkeit als fruchtbaren Spannungsgegensätzen zu leben lernt. Wer es also nicht schafft, sein von emotionalen Konflikten, gegensätzlichen Antrieben, einander widersprechenden Pflichten und scheinbar einander ausschließenden Werten hin und her gerissenes Innenleben zu klären, verurteilt sich selbst zur spirituellen Sterilität. Wem es

---

[21] R.A. Johnson, *Owning your Own Shadow: Understanding the Dark Side of the Psyche*, San Francisco 1991.

dagegen gelingt, die in seinem Dasein angelegten Dualitäten miteinander zu vereinbaren, der hat gute Aussichten auf ein harmonisches spirituelles Leben. Aus diesem Grund sagte der jungsche Analyst Robert Johnson, die Kunst, die Widersprüche in Paradoxa umzuwandeln, sei ein fester Bestandteil der symbolischen Funktion der Religion. Seiner Auffassung nach ermöglicht es der Sinn für das Paradox, einen höheren Bewusstseinszustand zu erlangen.[22]

Aber zunächst bleibt grundsätzlich die Frage: Wie erreicht man diese Bewusstseinsebene?

Die Harmonisierung von Ich-Ideal und Schatten unter Zuhilfenahme des Selbst

Beim Versuch, die leidige, ständige psychische Anspannung zu beheben, nehmen manche Menschen eine heroische, rationale oder stark willensbetonte Haltung ein. Doch auf lange Sicht ist das nicht durchzuhalten. Ein gewisser Heroismus ist natürlich durchaus angebracht, aber es müsste ein Heroismus in dem Sinn sein, dass man die durch die beiden gegensätzlichen Tendenzen erzeugte Spannung mutig auf sich nimmt, was gelegentlich die Form einer Art Kreuzigung annehmen kann. Wer dagegen versucht, diesem Zustand allein durch rationale und willensmäßige Anstrengungen seines Ich zu beheben, wird früher oder später ein Gefühl großer Ohnmacht bekommen. Unter diesen Umständen bleibt nur noch, sich einer höheren psychischen Instanz anzuvertrauen, dem Selbst. Jean Houston, mein Professor für religiöse Anthropologie, sprach immer wieder davon, dass man gerade in Augenblicken der Depression *(break down)* Zustände der Selbstüberschreitung *(break through)* erfahren könne.

Was ist das Selbst (oder Tiefen-Ich), das eine so entscheidende Rolle bei der Reintegration der beiden Pole des psychischen Organismus spielen soll? Jung sieht darin die *imago Dei* oder das im Herzen jedes Menschen anwesende göttliche

[22] Johnson a. a. O. 85–90.

Die Anordnung gegensätzlicher Eigenschaften der *persona* und des Schattens um das Selbst

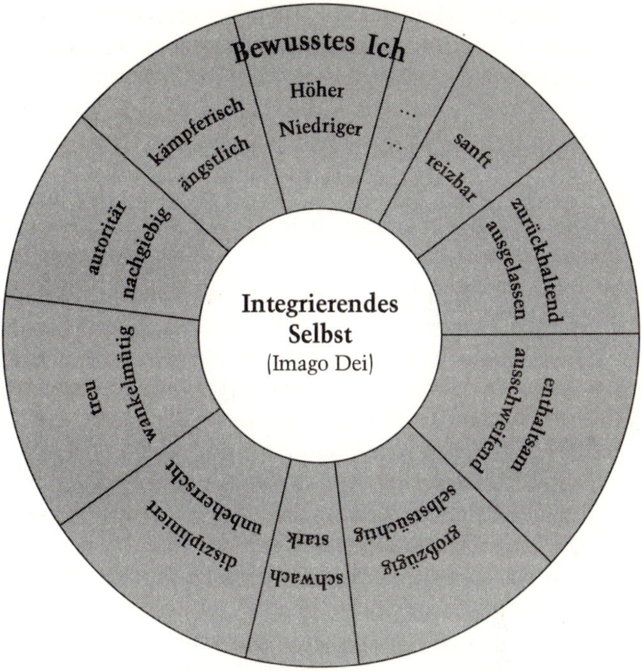

Prinzip. Zugleich betrachtet er es als das Zentrum der Kreativität und der Integration der Persönlichkeit des Menschen, das intuitiv über den Gesamtplan für den Wachstums- und Reifeprozess des Einzelnen verfügt. Das Selbst tritt auf den Plan, um die einzelnen miteinander im Konflikt liegenden Elemente der Psyche zu einem harmonischen Ganzen zusammenzufügen. Wie vollbringt es diese Integration? Dadurch, dass es auf transzendente Symbole zurückgreift, mittels derer der Geist befriedet und die Einheit zwischen den gegensätzlichen psychischen Kräften hergestellt werden kann. Weiter unter werde ich genauer die einheitsstiftende und harmonisierende Rolle der religiösen Symbole behandeln.

Hat der Einzelne erst einmal Ja dazu gesagt, dass er zwischen seinem Ich und seinem Schatten „gekreuzigt" wird, so eilt ihm das Selbst zu Hilfe. Es bietet ihm eine Art „Auferstehung" an, eine Umwandlung seiner selbst mittels der Versöhnung der Gegensätze, die es bewirkt. Für Jung bezeichnet dies den Anfang des Prozesses der *Individuation*. Das Selbst erschafft aus den verstreuten und gegensätzlichen Einzelteilen der Psyche eine neue innere Gesamtanlage der Person, lässt ihr Sein „komplexer" werden. Zugleich erlangt sie dadurch eine größere Reife; sie ist mehr als bisher *sie selbst* und verfügt in größerer Souveränität über ihre eigenen Anlagen. Das Selbst löst die scheinbaren Widersprüche im betreffenden Menschen und seinem Handeln auf, indem es sie in eine höhere Harmonie überführt, und erschließt so einen befriedeten Zustand, in dem die schlimmsten Gegner freundschaftlich miteinander auskommen. Der Prophet Jesaja hat diesen Gnadenzustand, den er als die messianische Zeit versteht, in poetischen Bildern beschrieben: „Dann wohnt der Wolf beim Lamm, der Panther liegt beim Böcklein. Kalb und Löwe weiden zusammen … Kuh und Bärin freunden sich an, ihre Jungen liegen beieinander. Der Löwe frisst Stroh wie das Rind" (Jes 11,7–8).

Die Situation, die zum Konflikt zwischen Ich und Schatten führt, überschreiten

Das Opfern des Ich

Soll die oben genannte Spannung aufgelöst werden, so muss das Ich zunächst einmal sich selbst loslassen. Allerdings neigt es in dieser Lage eher dazu, aus Angst den festen Griff um sein Personsein nur noch mehr zu verstärken. Doch muss das Ich gerade das Gegenteil fertig bringen: seine willensbetonte und verstandesbetonte Einstellung aufgeben, um sich dem Einfluss des göttlichen Selbst zu überlassen. Es muss die Bereitschaft entwickeln, sich *aufzuopfern*, das heißt, seinen Anspruch aufgeben, der Mittelpunkt der Psyche zu sein und alles von seiner Sichtweise her steuern zu wollen.

Dieser symbolische Tod des Ich lässt an das Wort Jesu vom Weizenkorn denken, das in die Erde fallen muss: „Wenn das Weizenkorn nicht in die Erde fällt und stirbt, bleibt es allein; wenn es aber stirbt, bringt es reiche Frucht. Wer an seinem Leben hängt, verliert es; wer aber sein Leben in dieser Welt gering achtet, wird es bewahren bis ins ewige Leben" (Johannes 12,24–25).

Wenn das Ich sich selbst stirbt, wird ihm eine ganz neue Weltsicht geschenkt, diejenige des Selbst: Das Böse ist besiegt, das Leben ersteht aus dem Tod neu, die göttliche Liebe erweckt das Verlorene wieder zum Leben.

Der besonnene Mensch ahnt, ja fördert diese scheinbare Auflösung des Ich, die in Wirklichkeit zu einer neuen Ganzheit führt. Doch im Allgemeinen versäumen es die Menschen, die nötigen Vorkehrungen dafür zu treffen und merken gar nicht, wie sich in ihnen bruchstückweise ein Wandel anbahnt. Dann besteht die Gefahr, dass ein negatives Ereignis wie etwa eine Krankheit, ein Misserfolg, ein Versagen, eine Entlassung oder ein Zustand der Überarbeitung zu einer destabilisierenden Konfrontation zwischen dem Ich des Betreffenden und seinem Schatten führt.

Das polarisierende Wirken des Ich

Bei der Lektüre mancher Autoren gewinnt man den Eindruck, der Prozess des Überschreitens der Kategorien von Gut und Böse und der verschiedenen Dualismen in einen davon jenseitigen Zustand vollziehe sich ganz von allein, auf geradezu magische Weise. Man müsse nur sein Ich opfern, und damit sei einem das Heil gewiss. Diese Autoren verschweigen den Umstand, dass das alles nicht einfach friedlich vor sich geht. Will man so weit kommen, muss man sich der Weisheit des Selbst und seiner integrierenden Kraft ausliefern. Das erfordert großen Mut und ein unerschütterliches Vertrauen in die heilende und integrierende Kraft der spirituellen Mitte seines eigenen Wesens.

Damit dieses Unternehmen gelingen kann, bedarf es des vereinten Bemühens von Psychologie und Religion. Das gesuchte psychische Gleichgewicht mittels des Überschreitens der Kluft zwischen Ego und Schatten hängt davon ab, ob man es schafft, die Kontrolle über sein Ich aufzugeben zugunsten des – mit Jung gesprochen – „transzendentalen Wirkens" des Selbst. Das Selbst bringt dabei einigende Symbole hervor, die neue psychische Synthesen gestatten und anzeigen. So vollzieht sich im sakralen Innenraum der Psyche eine Aktivität, die man als religiös einstufen kann. Das Wort „religiös" ist vom lateinischen *religare*, „anbinden", abgeleitet, und tatsächlich besteht diese Aktivität vor allem darin, die psychischen Gegensätze miteinander zu verbinden: Männlich und Weiblich, Liebe und Macht, Leiden und Erlösung, Verlust und Gewinn, Aktion und Meditation, Besitz und Armut, Wahlfreiheit und Pflicht usw.

Das Auftauchen sakraler Symbole im Augenblick der Reintegration durch das Selbst

Wie wir gerade gesehen haben, verwandelt sich die Versöhnung des Ich mit dem Schatten, die mit einem regelrechten *Gekreuzigtwerden* beginnt, unter der Wirkung des Selbst in eine *Auferstehung*. Konkret wird diese Versöhnung für das Bewusstsein wahrnehmbar, wenn in ihm sakrale Symbole auftauchen. Diese Symbole beginnen sich wahrscheinlich zunächst in den Träumen des Betreffenden zu äußern oder während psychischer und spiritueller Übungen oder bei Tätigkeiten künstlerischer Art. Tauchen sie auf, so ist dies das Zeichen, dass eine tief greifende psychische Umwandlung eingesetzt hat. Beiläufig sei angemerkt, dass das griechische Verb *symballein*, von dem das Wort „Symbol" abgeleitet ist, „zusammenfügen" bedeutet und ebenfalls auf diese integrative Wirkung hinweist. Die großen religiösen Symbole wie das Kreuz, das Mandala, das Yin-Yang, die Goldene Blüte, die Mandorla usw. (vgl. die Abbildungen auf den folgenden Seiten) üben tatsächlich diese Wirkung auf die Psyche aus.

Im Verlauf einer Übung zur Integration von Ich und Schatten bezeugten vierzehn der zwanzig Teilnehmer, dass ihnen ein sakrales Bild in den Sinn gekommen sei oder sie eine intensive religiöse Erfahrung gemacht hätten. Wenn bei jemandem sakrale Symbole auftauchen, kündigt das ein neues „Komplexwerden" seines Wesens und die Geburt einer neuen Einheit an. Der Umstand, dass sie sich bei künstlerischen Tätigkeiten, mentalen Imaginationen oder in Träumen einstellen, weist auf eine innere Befreiung und ein erweitertes Verständnis seiner selbst hin. Zugleich ist dies das Vorzeichen dafür, dass Krankheiten, psychische Störungen und spirituelle Dürrezeiten bald behoben sein werden. Der von solchen inneren Offenbarungen beschenkte Mensch kann an sich beobachten, wie sich nach und nach sein eigenes individuelles Wesen deutlicher herauskristallisiert, was seine einmalige Art ist, ein *Ebenbild Gottes* zu sein. So gewinnt er eine tiefe Selbsterkenntnis und sieht gleichzeitig auch viel deutlicher, worin sein Auftrag in der Welt besteht.

Kommen wir abschließend noch einmal auf die Legende vom Wolf von Gubbio zurück. Der heilige Franz von Assisi verkörpert das Selbst. Er trägt den stolzen Bürgern auf, ihren Wolf, das heißt ihren Schatten, nicht zu bekämpfen. Sie sollen ihn ganz im Gegenteil als zu sich gehörig annehmen, ihn gut behandeln und ihm zu Fressen geben. Auf diese Weise wird aus dem bedrohlichen Wolf ein Wesen, das ganz selbstverständlich zum Städtchen dazugehört. Seine ständige Anwesenheit hilft den Bürgern, andere weniger zu verachten, weniger hochnäsig zu sein und folglich bescheidener und wahrhaftiger.

Yin-Yang

Mandala

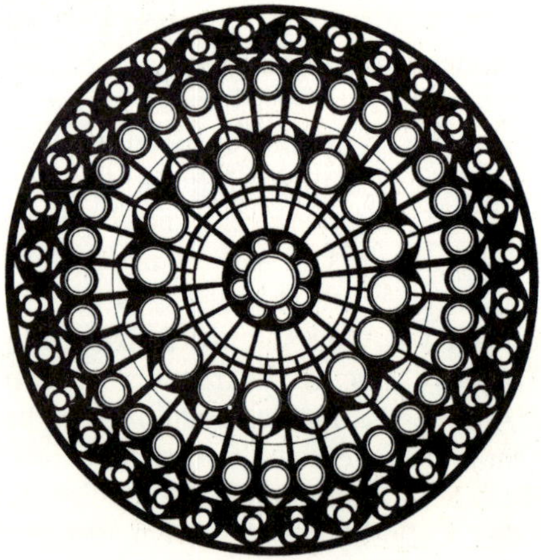

Kreuz

Mandorla

Blume

Fünftes Kapitel

Wie man seinen Schatten anerkennt

Ich bin nicht ich
Ich bin der, der neben mir geht
den ich nicht sehe
Den ich zuweilen besuche
dann wieder vergesse
Der, der mir verzeiht
wenn ich Süßigkeiten nasche
Der draußen in der Natur wandert
wenn ich daheim bleibe
Der im Schweigen verharrt
wenn ich spreche
Der aufrecht stehen bleibt
wenn ich dereinst sterbe

JUAN JIMENEZ

Die Geschichte vom verlorenen Geldbeutel

In einer warmen Sommernacht schaut ein Mann zum Fenster hinaus. Da sieht er seinen Nachbarn auf allen Vieren auf dem Boden umherkriechen. Er scheint offensichtlich unter der Laterne etwas zu suchen. Da sagt er sich: „Ich gehe hin und helfe ihm suchen, was er verloren hat."

So geht er zu seinem Nachbarn und fragt ihn: „Was hast du denn verloren?" Der gibt zur Antwort: „Meinen Geldbeutel habe ich verloren. Es geht mir gar nicht zuerst um das Geld darin; schlimmer ist es, wenn ich alle meine Ausweise und Kreditkarten nicht mehr habe."

Unser guter Samariter beteiligt sich also an der Suche rund um die Straßenlaterne, auf dem Gehsteig, auf der Straße, auf den angrenzenden Rasenflächen. Nachdem sie lange vergeblich gesucht haben, erlaubt er sich die Frage: „Bist du auch wirklich sicher, dass du gerade hier deinen Geldbeutel verloren hast?" Ganz naiv erwidert ihm sein Mitsucher: „Nein, eigentlich habe ich ihn da unten auf dem Feld verloren." Unser Mann glaubt seinen Ohren nicht zu trauen. Wie kann sein Nachbar glauben, er könne seinen Geldbeutel unter der Laterne finden, wenn er ihn doch anderswo verloren hat? So fragt er ihn verblüfft, warum er dann hier an dieser Stelle suche. Der andere gibt ihm in aller Einfalt die Antwort: „Weil man hier im Licht der Laterne besser sehen kann!"

Die schwierigste Aufgabe, vor die sich jeder gestellt sieht, der „seinen Schatten umarmen" möchte, ist tatsächlich die, ihn an der richtigen Stelle zu suchen. Die Suche wird dadurch besonders mühsam, dass der Schatten die Eigenart hat, sich im Unbewussten zu verstecken.

Der Schatten bleibt wie die abgewandte Seite des Mondes: unbekannt, finster und geheimnisvoll.

Seinen Schatten nicht leugnen

Um seinem Schatten begegnen zu können, muss man zunächst einmal davon Abstand nehmen, sich gegen ihn zu sperren. Im Allgemeinen wird er derart ignoriert, dass er zu einem untergründigen Wesensbestandteil wird. Daher ist es wichtig, seine Anwesenheit in sich selbst anzuerkennen und ihn als festen, wenn auch finsteren, flüchtigen und geheimnisvollen Bestandteil seiner selbst anzunehmen.

Die Schwierigkeit, diesen Schatten überhaupt wahrzunehmen, obwohl er uns ständig beeinflusst, beschreibt R. D. Laing in seinem ganz eigenen Stil folgendermaßen:

> Das Bewusstseinsfeld dessen, was wir denken und tun
> ist verkleinert um das, was wir übersehen und nicht beachten.

Und weil wir das nicht beachten,
was wir übersehen,
können wir gar nicht viel tun,
um uns zu ändern,
es sei denn, wir machen uns klar, dass das, was wir übersehen und nicht beachten,
unser Denken und Handeln beeinflusst.[23]

Bleibt unser Schatten also unfassbar? Ist es uns beschieden, diese Seite unserer selbst überhaupt nie kennen zu lernen? Oder wie können wir sie entdecken, um sie dann zu umarmen und in unser Bewusstsein zu integrieren? Diese Fragen möchte das vorliegende Kapitel beantworten.

1. Strategien, um seinem Schatten auf die Schliche zu kommen

Ich will Ihnen hier eine Reihe von Strategien vorstellen, die Ihnen dabei helfen können, die Äußerungen Ihres Schattens zu erkennen. Daraus können Sie sich dann ein richtigeres und klareres Bild von Ihrem Schatten machen.

Die erste Methode, seinen Schatten zu erkennen: Mittels Fragen die verborgene Seite des eigenen Wesens erschließen

Es folgen hier neun Fragen, die Ihnen helfen können, die Umrisse Ihres Schattens auszumachen. Warum so viele Fragen? Weil mehrere Antworten zusammenwirken müssen, wenn Sie die verschiedenen Facetten Ihres Schattens identifizieren wollen.

Erste Frage
Diese erste Frage besteht aus zwei Aspekten. Der erste ist: Was empfindet Ihr soziales Ich als besonders schmeichelhaft, das heißt, was sind die wichtigsten Eigenschaften, um derent-

[23] Zitiert in Zweig a.a.O. xix.

willen Sie von den anderen geschätzt werden möchten oder tatsächlich geschätzt werden? Der zweite lautet: Welche dazu entgegengesetzten Eigenschaften oder Züge mussten Sie verdrängen, um die gewünschten in den Vordergrund stellen zu können?

Bei dieser Frage geht es also um das soziale Bild, das Sie Ihrer Umgebung vermitteln wollen. Nehmen wir ein Beispiel. Gesetzt den Fall, Sie möchten vor allem als sanfter, großzügiger und heiterer Mensch gelten. Es ist dann ziemlich wahrscheinlich, dass Sie dazu Ihre Aggressivität, Ihre Ichbezogenheit und Ihre Ansätze zu schlechter Laune ziemlich unterdrücken mussten. Diese Charakterzüge, die Sie schließlich verdrängt haben, stellen in Wirklichkeit verschiedene Facetten Ihres Schattens dar.

Wenn Sie den Mut dazu haben, identifizieren Sie sich jetzt mit den verschiedenen Aspekten Ihres Schattens und sagen Sie zum Beispiel: „Ich bin aggressiv; ich bin egoistisch; ich bin schlecht gelaunt." Achten Sie genau auf die Gefühle, die Ihnen in dem Augenblick kommen, in dem Sie diese Worte aussprechen. Was das bei den einzelnen Menschen emotional auslöst, kann ganz unterschiedlich sein. Manche sagen: „Ich fühle mich ganz verwirrt", andere: „Ich fühle mich schuldig und schäme mich"; wieder andere schließlich behaupten: „Ich fühle in mir ganz neue Kräfte."

Zweite Frage
Gibt es bestimmte Gesprächsthemen, die Sie zu vermeiden neigen?

Das könnten etwa die Sexualität, die Aggressivität, der Glaube oder bestimmte ehrgeizige Ziele sein oder auch Gebiete, auf denen Sie sich nicht richtig auskennen. Was Sie hier entdecken, offenbart eindeutig Ihre Angst davor, eine Seite Ihrer selbst zu zeigen, wegen der Sie sich genieren. Wenn Sie nicht völliges Vertrauen in Ihren Gesprächspartner haben, ist es Ihnen peinlich, die betreffenden Themen aufs Tapet zu bringen.

An dem Tag, an dem Sie diese Scheu überwinden – und wählen Sie dafür am besten einen diskreten und Ihres Vertrauens würdigen Menschen –, können Sie bereits einen wichtigen Erfolg bei der Zähmung Ihres Schattens verbuchen.

Dritte Frage
In welchen Situationen spüren Sie, dass Sie nervös und überempfindlich werden und in Abwehrstellung gehen? Welche Art von Bemerkungen bringen Sie auf die Palme?

Wundern Sie sich selbst über die Lebhaftigkeit Ihrer Reaktion? Wenn Ja, ist das ein Zeichen, dass jemand bei Ihnen an etwas rührt, das Sie nicht ganz akzeptieren. Die Unlust, die Sie verspüren, oder Ihre übertriebene Reaktion zeigen eindeutig, dass jemand an dieser Stelle einen empfindlichen Aspekt Ihres Schattens ans Licht zerrt.

Das gilt genauso für eine Gruppe. Wenn auf eine bestimmte Aussage eines der Teilnehmer hin die ganze Gruppe betreten schweigt, zeigt das, dass er an ein Tabu-Thema gerührt hat. Mit anderen Worten, mit dieser Bemerkung ist der Schleier des kollektiven Schattens angehoben worden. Das wäre zum Beispiel der Fall, wenn in einer Familie, in der sich jemand erhängt hat, einer leichtfertig die Formulierung „den Strick nehmen" verwenden würde.

Vierte Frage
Unter welchen Umständen haben Sie das Gefühl, unterlegen zu sein oder nicht genügend Selbstvertrauen zu haben? Ist das meistens, wenn nicht sogar immer, dann der Fall, wenn Sie sich einer Situation nicht gewachsen fühlen, weil Sie sich dafür nicht für genügend kompetent, sprachgewandt, intelligent, erfahren usw. halten?

In meiner Ausbildungszeit war ich eine Zeit lang mit einer Gruppe zusammen, die hauptsächlich aus Künstlern bestand. Ich verstand nicht recht, warum ich mich in dieser Gesellschaft dauernd nicht richtig wohl fühlte, bis mir klar wurde, dass ich bei mir selbst jede künstlerische Äußerung vernachlässigt, ja geradezu verdrängt hatte.

Fünfte Frage
In welchen Situationen schämen Sie sich? Auf welchem Gebiet haben Sie panische Angst davor, eine Schwäche zu zei-

gen? Ist es Ihnen peinlich, wenn man von Ihnen unter allen Umständen verlangt, etwas Bestimmtes zu tun – zum Beispiel eine Ansprache zu halten oder etwas vorzusingen?

Sechste Frage
Sind Sie gegen Kritik an Ihnen besonders empfindlich? Welche Arten von Kritik reizen Sie besonders oder irritieren Sie sogar?

Eine heftige Reaktion auf eine bestimmte Bemerkung weist wiederum auf eine Facette Ihres Schattens hin, an die dabei gerührt wird. Wenn Sie immer in gleicher Stärke auf eine bestimmte Kritik aus Ihrer Umgebung reagieren, bedeutet das, dass die anderen einen verborgenen Aspekt Ihrer Person offen legen, den Sie nicht zeigen wollen.

Diese Art Reaktion ließe sich unter Umständen jedoch auch anders erklären: nämlich, dass Sie vielleicht von einer Gruppe zum „Sündenbock" gestempelt worden sind. Dann müssten Sie sich mit der Frage auseinandersetzen, was in Ihnen die anderen dazu verleitet hat, ausgerechnet auf Sie ihr Schatten-Material abzuladen.

Siebte Frage
Haben Sie Schwierigkeiten damit, ein Kompliment oder Lob anzunehmen?

Wenn sich jemand zum Beispiel anerkennend Ihnen gegenüber äußert – „Sie sind elegant, Sie sind kreativ, Sie machen alles hervorragend" – und Sie weisen das weit von sich und sehen gar keinen Grund dafür, weil Sie meinen, das Lob dafür stehe anderen zu oder weil Sie das für übertrieben halten, ist es wichtig, dass Sie sich über das Motiv im Klaren werden, aus dem heraus Sie so reagieren: „Warum muss ich mich eigentlich derart energisch gegen die anerkennenden Äußerungen verteidigen? Versuche ich damit vielleicht einen Teil meines Schattens zu verbergen, nämlich meinen leidenschaftlichen Wunsch, bewundert zu werden?"

Achte Frage
Unter welchem Zug an sich selbst leiden Sie oder über was an sich sind Sie sehr unzufrieden? Könnte das zum Beispiel

Ihr körperliches Aussehen sein oder ein bestimmter Charakterzug?

Wenn ja, besteht die Wahrscheinlichkeit, dass Sie etwas zu verbergen suchen, was Sie als Schwäche betrachten. Andererseits kann es sein, dass Ihnen Ihre *persona* bestimmte unerreichbare Ideale des Erfolgs, der Schönheit oder der Vollkommenheit aufsteckt und Sie sich deswegen zwingen, alles zu verdrängen, was diesen Ansprüchen nicht genügt.

Wenn Sie es schließlich fertig bringen, Ihre Unvollkommenheiten, Mängel, Schwächen und Irrtümer anzunehmen, ist das ein Zeichen dafür, dass Sie mit der Zähmung Ihres Schattens begonnen haben. Wäre das nicht der Anfang einer Art Weisheit, die man als Demut bezeichnet?

Neunte Frage

Durch welche Eigenschaft zeichnet sich Ihre Familie in ihrer Umgebung besonders aus? Jede Familie besitzt ja einen ganz bestimmten besonderen Charakterzug. Von den Monbourquettes etwa sagt man: „Das sind ehrliche Leute." Von den Meiers sagt man vielleicht: „Das sind Draufgänger", von den Müllers: „Das sind ewige Schaffer" oder von den Schmids: „Die sind ungemein gastfreundlich."

Wollen Sie den Schatten Ihrer Familie ausmachen, so müssen Sie nur die genau entgegengesetzte Eigenschaft zu derjenigen herausfinden, für die Ihre Familie bekannt ist. Eine Familie kann vielleicht, um ihren Ruf der Ehrlichkeit zu wahren, gezwungen gewesen sein, auf eine gewisse Zurückhaltung oder Diplomatie zu verzichten; die bekannten „Draufgänger" dürfen sich vielleicht keinerlei Äußerungen von Angst erlauben; die „ewigen Schaffer" würden sich schämen, sich einmal eine Zeit des Nichtstuns zu gönnen; und die „Gastfreundlichen" erlauben es sich vielleicht nicht mehr, für ihre Familie eine angemessene Privatsphäre zu beanspruchen.

Der Familien-Schatten wäre also das, was eine Familie sich nicht zu leben oder auszudrücken erlaubt.

Die zweite Methode, seinen Schatten zu erkennen: seine Träume analysieren

War Jung der Erste, der den Begriff „Schatten" verwendete, um damit die unsere Träume heimsuchende dunklen Seite unserer Persönlichkeit zu bezeichnen, so hatte vorher bereits die Psychoanalyse von Sigmund Freud aufgezeigt, dass der Traum der bevorzugte Ort der Begegnung mit dieser Dimension ist. Sie schreibt nämlich dem Traum die Funktion zu, unser bewusstes Sozialverhalten zu kompensieren. Auf diesem Weg erlaubt es sich das Unbewusste, ohne Hemmungen all das zum Ausdruck zu bringen, was man aus Höflichkeit oder vorsätzlicher Einschränkung in Gesellschaft nicht äußert.

Nach Jung nimmt der Schatten, der die Träume bewohnt, im Allgemeinen die Gestalt einer Person des gleichen Geschlechts wie der Träumer ein und legt sich schlimme, bedrohliche, abstoßende oder feindselige Züge zu. Oft ist er hässlich, krank oder unförmig. Zuweilen legt er sich auch das Aussehen eines wilden Tieres zu: einer angreifenden Schlange, eines wütenden Hundes, eines wilden Löwen usw. Der Träumer fühlt sich von seinem Schatten verfolgt, bedroht, ja angefallen. So versucht er, vor ihm zu fliehen oder sich zu verstecken oder auch, ihn seinerseits anzugreifen. Derartige Träume zeigen ihm an, dass ein wichtiger, bislang verborgener Teil seiner selbst versucht, sich bemerkbar zu machen.

Die Träume, während derer der Schatten zum Angriff ansetzt – und vor allem, wenn sie häufig werden –, melden dem Träumer, dass er sich ganz dringend um seine dunkle Seite kümmern und sie in sein Bewusstsein eintreten lassen muss, um sie dann schließlich als integrierenden Bestandteil seiner selbst zu bejahen. Ignoriert der Betreffende diese wiederholten Versuche des Schattens, sich bemerkbar zu machen, so setzt er sich allen möglichen Gefahren aus: Unfällen, Krankheiten, Depressionen, Problemen mit seinen mitmenschlichen Beziehungen usw.

Es ist wichtig, sich angemessen auf seinen Schatten einzustellen, damit man seine Gegenwart erkennt und seine Botschaften ernst nimmt. Diese aufgeschlossene Haltung ermöglicht es, seine Äußerungen rechtzeitig zu erkennen, auch wenn sie nur kurzfristig auftauchen und sofort wieder vergehen. Letzterer Umstand ist übrigens der Grund dafür, dass manche sie nur für Hirngespinste halten, die keine weitere Aufmerksamkeit verdienen.

Einige Beispiele von Träumen
Zur Veranschaulichung seien hier einige Träume beschrieben, in denen Gestalten auftreten, die für den Schatten typisch sind. Sie können Ihnen als Lernhilfe dafür dienen, besser mit der finsteren Seite Ihres Wesens umzugehen.

Mein Bruder als mein Schatten
Als mein Bruder Marc häufig in meinen Träumen auftauchte, war das für mich ein Hinweis, dass sich mein Schatten regte. In den Träumen verfolgte mich mein Bruder oft, versuchte mich anzugreifen, mich zu schlagen oder zu Boden zu werfen. In einem dieser Träume, den ich als Vorwarnung betrachtete, verfolgte mich mein Bruder in hohem Tempo mit dem Auto. Um nicht von ihm gerammt zu werden, hatte ich mich ungefähr dreißig Meter in die Luft erhoben. Beim Aufwachen blieb mir das Gefühl, ich hinge immer noch hoch oben in der Luft. Einige Tage danach hatte ich unterwegs mit dem Auto einen schweren Unfall. Als ich auf dem Boden des Autos wieder zu mir kam, unverletzt, aber mit Glassplittern bedeckt, hörte ich, wie eine Stimme zu mir sagte: „Endlich bist du wieder auf dem Boden, ohne tödlich verunglückt zu sein!" Danach achtete ich immer, wenn mir mein Bruder im Schlaf erschien, ganz besonders darauf, welche Botschaft er mir ausrichten wollte. Denn in mir wuchs die Überzeugung, dass mein Schatten wesentlich mehr als ich selbst über den Ablauf meines Lebens wusste. Zweimal wurde ich dadurch vor möglichen Gefahren gewarnt, die ich dann vermeiden konnte.

Nach und nach habe ich den Sinn eines derartigen Phänomens begriffen. Während meiner Kindheit und Jugend wollte ich auf keinerlei Weise so sein wie mein größerer Bruder. Ich glaubte, mir damit die Antipathie ersparen zu können, die mein Vater gegen ihn hegte, und zugleich für mich allein die Zuneigung und das Vertrauen meines Vaters gewinnen zu können. Um jedoch ganz anders als er zu werden, hatte ich bei mir lauter Charakterzüge entwickeln müssen, die das gerade Gegenteil von den seinigen waren. Ich muss noch hinzufügen, dass ich mich vor seinem Tod noch mit ihm ausgesöhnt habe und er mir von diesem Zeitpunkt an nie mehr in meinen Träumen begegnet ist.

Die Begegnung mit der Kobra

Ich einem anderen Traum sah ich mich von einer Kobra in die Enge getrieben, die mich gerade beißen wollte. Ich fuhr erschreckt aus dem Schlaf auf und war noch ganz von Angst erfüllt. Diesen Traum hielt ich unverzüglich in einem Notizbuch fest, um ihn nicht wieder zu vergessen. Anschließend fragte ich in einer Imaginationsübung die Kobra, aus welchem Grund sie mich hatte angreifen wollen. Sie antwortete mir unverzüglich: „Ich möchte dich vernichten, weil du zu friedlich bist; du bist kein genügend energischer Kämpfertyp." Ihre Botschaft leuchtete mir unmittelbar ein, denn sie bezog sich auf einige unangenehme Situationen, die ich nicht recht zu bewältigen vermochte. So schlug ich der Kobra den folgenden Handel vor: Ich wolle ihr etwas von meinem friedfertigen Wesen abgeben, sie sollte mir dafür ein Stück ihres Kampfgeistes überlassen. Dieser Tausch erwies sich für mich als Gewinn. Wenig später spürte ich in mir die erforderliche Energie und den Mut, meine Schwierigkeiten zu bereinigen und der beruflichen Erschöpfung abhelfen zu können, die mich im Griff hatte.

Die hilfreiche Hexe

Hier ein anderer Traum, der recht gut veranschaulicht, wie weise der Schatten ist. Eine Ordensfrau bat mich um eine Aussprache. Sie hatte den Befehl erhalten, das von ihr gegründete Werk zu verlassen. So hatte sie eine Beschäftigung aufgeben müssen, die ihr sehr am Herzen lag und in die sie zwanzig Jahre ihres Lebens investiert hatte. Von Natur aus gefügig, hatte sie geglaubt, diese Entscheidung ihrer Oberin ganz gut verkraftet zu haben; ihre tiefe Enttäuschung durch diese abrupte Veränderung ihrer Laufbahn hatte sie gar nicht sehr an den Tag gelegt.

Bei unserer Aussprache erzählte sie mir einen Traum, der ihr gewaltig nachging. Sie hatte sich mit anderen Ordensfrauen in einem Einkaufszentrum aufgehalten. Als sie eine Rolltreppe hinunterfuhr, sah sie ganz unten eine schwarze Gestalt, die sich bewegte. Diese wurde immer deutlicher, bis sie die Züge einer Hexe annahm. Da bekam sie große Angst. Als sie mit der Rolltreppe unten angekommen war, sah sie dort auf dem Boden ein schwarzes Gewand ausgebreitet liegen. Sie bückte sich, um es aufzuheben und merkte verblüfft, dass es das Kleid der Hexe war. Vor Schreck wich sie zurück und ließ das Gewand fallen. Hierauf schloss sie sich wieder ihren Mitschwestern an, die von all dem gar nichts gemerkt zu haben schienen.

Beim Aufwachen hatte sie das Gefühl, einen für sich sehr bedeutsamen Traum erlebt zu haben, aber sie wusste nicht, wie sie ihn deuten sollte. Bei unserer Aussprache regte ich an, sie solle ihren Traum „nachspielen". Trotz ihres Widerstrebens akzeptierte sie es, die Rolle der Hexe zu spielen. Sie spürte dabei, wie ihr eine gewaltige Wut hochkam. Sie wurde immer lebhafter und sprühte schließlich vor Energie. Ich riet ihr, sich noch weiter mit der Hexe zu identifizieren und so zu tun, als lege sie sich das Gewand an, das sie von ihr erhalten hatte. Zu ihrer großen Verwunderung stellte sie fest, dass ihr dieses Kleid sehr gut passte und sie sich darin sehr wohl fühlte. Durch die Umwandlung, die sie zugelassen hatte, war sie mit ihrer verdrängten Wut und damit zugleich mit ihrer eigenen inneren Kraft in Kontakt gekommen. Die Übung, ihren Traum im Wachzustand nachzuspielen, um ihn zu vervollständigen, hatte ihr zweifellos eine eventuelle Depression erspart.

Ich habe schon öfter beobachtet, dass sich der Schatten, der sich in den Träumen mit den Zügen eines Feindes vorstellt, in der Folge in einen kostbaren Verbündeten verwandelt. Damit das gelingt, muss man den Mut aufbringen, ihm zu begegnen, ihn anzuhören, zu zähmen und sich schließlich mit ihm anzufreunden.

Träume lassen die innere Entwicklung ablesen
Ein Schatten, der plötzlich in einem Traum auftaucht, hat durchaus keine feste Gestalt. Er kann sich von einem Traum zum andern verändern. Wenn man seine Träume eine Zeit lang regelmäßig auswertet, kann man zudem die Entwicklung mitverfolgen, die man auf dem Gebiet des Verhältnisses zu seinem Schatten durchläuft. Das zeigt recht gut die Geschichte eines jungen Mannes mit einer starken homosexuellen Neigung. Er akzeptierte seine homosexuelle Ausrichtung so schlecht, dass er sich selbst verabscheute. Diese Verweigerungshaltung spiegelte sich in seinen Träumen; er erlebte darin, dass er einen jungen Mann, der ihm sexuelle Anträge machte, kurz und klein schlug. Dank einer Therapie lernte er es nach und nach, seine homosexuelle Veranlagung anzunehmen, ja mehr noch, schließlich vermochte er seine feminine und sensible Art zu schätzen. Später hatte er einen Traum, in dem er den jungen Mann nicht mehr aggressiv abwies, sondern auf dessen zärtliche Anträge einging. Dieser Traum zeigte, dass sich mein Klient mit seiner homosexuellen Neigung versöhnt hatte.

Die dritte Methode, seinen Schatten zu erkennen: aufmerksam auf seine Wunschbilder und Träumereien im Wachzustand achten

Ein weiteres Mittel, seinen Schatten kennen zu lernen, besteht darin, genau auf seine Wunschbilder und Träumereien zu achten, bei denen man sich normalerweise nicht besonders aufhält. Als innere Verarbeitungsprozesse oder Seelenzustände sind diese Phänomene Lücken, durch die der Schatten ins Bewusstsein hereintastet. Man muss sie sich spontan entfalten lassen, um die Faktoren kennen zu lernen, die in dieser inneren Welt am Werk sind: Wettbewerbsinstinkte, Machtantriebe, Begehrlichkeiten nach Reichtum, sexuelle Wünsche, Neid- und Eifersuchtsgefühle, Anfälle von Frustration usw.

Sie kommen und verschwinden so rasch im Geist, dass sie gar nicht recht greifbar sind. Ein Grund dafür ist, dass unser moralisches Gewissen ihre unmoralische, plumpe, ja wilde Art oft für völlig inakzeptabel hält. Doch immerhin offenbaren sie eindeutig, dass hier der Schatten am Werk ist.

Allerdings birgt der Schatten nicht nur negative Elemente. Er umfasst auch positive Elemente, etwa Impulse in Richtung des Guten oder schöpferische Inspirationen. Auch der weiße Schatten nimmt in den Wunschbildern und Träumereien im Wachzustand eine wichtige Rolle ein. Man neigt oft dazu, das ganz zu vergessen.

Die vierte Methode, seinen Schatten zu erkennen: Natur und Inhalt seines eigenen Humors genauer überprüfen

Man hat gesagt, der Humor sei „die Wahrheit des Schattens". Wenn man den Inhalt seiner eigenen humorigen Äußerungen oder auch seiner Reaktionen auf verschiedene Arten des Humors genauer untersucht, kann man die Natur seines eigenen Schattens besser kennen lernen. Kann man sich etwa kaum das Lachen verkneifen, wenn ein Mitmensch in peinliche Situationen gerät, so verspürt man oft das Bedürfnis, sich dafür zu entschuldigen und zu beteuern, man wünsche ihm ganz und gar nichts Schlechtes. Man sagte dann: „Ich lache, weil das eben so komisch ist", oder: „Nimm mir das nicht übel, es ist nur Spaß." In Wirklichkeit ist dieses Lachen gar nicht so unschuldig, wie man es gern verstanden wissen möchte…

Sieht man genauer zu, so erklärt sich das Lachen oft aus unterdrückten Wünschen. Es lockert die Spannung zwischen dem Willen zur Vollkommenheit und den vom Über-Ich verdrängten Neigungen. Man denke dabei nur an den Lachreiz, der von einem Missgeschick bei einer feierlichen Zeremonie ausgelöst wird oder wenn eine steif daherkommende Persönlichkeit plötzlich stolpert oder jemandem in einem allzu ernsten Vortrag ein amüsanter Versprecher unterläuft.

Der spontane Humor verrät die Anwesenheit des Schattens mit seiner nebulösen Gedankenwelt und den aus dem

Alltagsleben verdrängten Wünschen und Phantasiebildern. Er verrät die Seite der eigenen Persönlichkeit, von der man glaubt, sie sei für die Umgebung nicht akzeptabel. Dabei weiß man, dass es nicht richtig ist, über jemanden zu lachen, der auf einer Bananenschale ausrutscht oder dem jemand eine Sahnetorte mitten ins Gesicht klatscht. Dennoch gibt es in uns einen Anteil, der es sich nicht verkneifen kann, sich darüber zu freuen, wenn sich jemand anderer lächerlich macht. Der Grund dafür mag zunächst sein, dass es ein Trost ist, nicht selbst in einer derart peinlichen Lage zu sein; jedoch spielt dabei auch der sadistische Zug mit, den man im Innersten seines Schattens birgt.

Will man seinen Schatten besser auf dem Weg über den eigenen Humor ergründen, so sind dazu die folgenden Fragen hilfreich: Angesichts welcher Situationen kommt mir ganz besonders das Lachen? Auf welche Bereiche des menschlichen Tuns bezieht sich meine Heiterkeit? Die Antworten auf diese Fragen enthüllen unterdrückte Seiten unserer eigenen Persönlichkeit.

Wenn im Gegenteil jemand über keinen Humor verfügt, heißt das, dass er seinen Schatten derart tief vergraben und abgeschottet hat, dass dieser sich nicht einmal über das Lachen zu äußern vermag.

Die fünfte Methode, seinen Schatten zu erkennen: seine Projektionen auf andere genauer untersuchen

Freud sagte von den Träumen, sie seien „der Königsweg *(via regia)* zum Unbewussten". Das Gleiche möchte ich auch von unseren Projektionen sagen: Auch sie gewähren einen besonders guten Zugang zum Schatten. Weil dieses Thema so wichtig ist, will ich ihm das ganze folgende Kapitel widmen.

2. Wie man den Schatten anderer Menschen erkennt

Auch den Schatten anderer Menschen muss man entdecken, um sich nicht von diesem benebeln zu lassen.

Reaktionen auf eine Äußerung

Wenn man mit einer bestimmten Äußerung jemanden aus dem Häuschen bringt oder irritiert, ist es wahrscheinlich, dass man mit ihr an einen „verschatteten" Bereich seines Wesens gerührt hat. Trotz aller seiner Bemühungen, diese Seite seiner selbst zu verbergen, hat ihn die Heftigkeit seiner Reaktion verraten. In einer Therapiesitzung wagte es ein Psychologe, seinem Klienten die Meinung zu sagen, die er von ihm gewonnen hatte: Er sagte ihm, er glaube bei ihm Neigungen zum Selbstmord entdeckt zu haben. Diese Deutung versetzte den Klienten in Rage: Er leugnete vehement jegliche Selbstmordgedanken. Aber der Psychologe beharrte hartnäckig auf seiner Überzeugung. Da verließ der Klient den Raum, schlug die Tür hinter sich zu und wollte mit diesem Psychologen, den er für unverschämt hielt, nichts mehr zu tun haben.

Einige Zeit danach nahm ich diesen Mann in die Therapie auf. Er erzählte mir sein missliches Erlebnis und untersagte mir ausdrücklich, noch einmal die Spur seines vorigen Therapeuten aufzugreifen. Dennoch gestand er mir im Lauf unserer Aussprachen, sich gelegentlich schon einen Herzschlag gewünscht zu haben, der ihn aus all den Spannungen befreien würde, die sich im Lauf der vielen Kümmernisse seines Lebens angesammelt hatten. Die Deutung seines ersten Therapeuten war also zutreffend gewesen: Sie hatte seinen unbewussten Wunsch zu sterben aufgedeckt. Dennoch hatte der Therapeut einen Fehler gemacht: Er hatte den Protest des Bewusstseins seines Klienten nicht ernst genommen. In Folge seiner moralischen Prägung hatte sich dieser Mensch jeglichen Selbstmordgedanken verboten, aber sein Schatten hatte diese Möglichkeit durchaus in Betracht gezogen.

Die Art und Weise, Verbote auszusprechen

Der Schatten versteht es ferner, sich auf dem Weg über die Verbote auszudrücken, die man anderen erteilt. Man braucht kein scharfsinniger Psychologe zu sein, um den Schatten eines Vaters zu erkennen, der seinen Töchtern einschärft, *ja nicht* mit Burschen zu schlafen, oder einer Mutter, die ihrem Sohn *streng* untersagt, im Supermarkt Schokoladetafeln zu stehlen. In Wirklichkeit offenbaren derartige Verbote mehr die Gegenwehr ihrer Urheber gegen bestimmte Antriebe ihres eigenen Schattens als eine vernünftige erzieherische Sorge. Ohne sich dessen im Klaren zu sein, treiben manche Erzieher mittels der negativen Formulierung ihrer Anweisungen die Kinder geradezu dazu an, ihre moralischen Verbote zu übertreten. Es wäre viel leichter, auf positive Weise bestimmte Verhaltensregeln zu vermitteln, statt sie in Form von Verboten auszusprechen.

Auf die gleiche Schiene geraten auch die Prediger, die sich darin gefallen, die sexuellen Fehltritte ihrer Zuhörerschaft schlecht zu machen. Der emotionale Einsatz, mit dem sie sich darin hineinsteigern, verrät, dass sie selbst mit ihren eigenen sexuellen Antrieben zu kämpfen haben. So ist es gar nicht verwunderlich, dass zum Beispiel manche amerikanische Fernsehevangelisten, die besonders leidenschaftlich die lockeren sexuellen Sitten verdammt hatten, schließlich selbst sexueller Delikte überführt wurden. Ihre Predigt spiegelte mehr ihre eigenen Konflikte mit ihrem Schatten wider als ihr Anliegen, eine gesunde moralische oder spirituelle Lehre zu verkünden.

Die Vorwürfe und Kritiken gegenüber anderen

Und hier noch ein letztes Mittel, den Schatten anderer zu entdecken. Es besteht darin, sich genauer die Vorwürfe und Kritiken anzuhören, die sich jemand gegenüber anderen zu formulieren erlaubt. Zu diesem Thema sagt Ken Wilber: „Was wir an anderen leidenschaftlich kritisieren, sind in Wirklichkeit nichts anderes als nicht anerkannte Teile unserer eigenen Biographie. Wenn Sie jemanden gründlich kennen lernen wollen, hören Sie sich das an, was er auf Kosten anderer sagt."[24]

---

[24] K. Wilber, *Das Spektrum des Bewusstseins*, Reinbek 2000.

Zum Abschluss sei noch einmal daran erinnert, dass jede Beschäftigung mit dem eigenen Schatten damit beginnt, diesen überhaupt anzuerkennen. Das theoretische Wissen um den Schatten hilft uns zunächst einmal, überhaupt seine Anwesenheit in uns zu vermuten. Hierauf können wir diesen „Feind in uns" praktisch kennen lernen, ihn annehmen und allmählich sogar mit ihm Freundschaft schließen.

Sechstes Kapitel

Wie man allmählich seine Projektionen zurücknimmt

Die ungeliebten Seiten unserer selbst,
die wir vergeblich aus unserem
Leben auszumerzen versuchen,
projizieren sich schließlich auf andere
und zwingen uns, sie anzuerkennen.

J. M.

Die Geschichte vom Holzfäller, der seine Axt verloren hatte

Ein Holzfäller suchte seine Axt. Als er ihren Verlust festgestellt hatte, suchte er sie an all den Stellen, wo er sie vor kurzem noch verwendet hatte, aber ohne Erfolg.

Nach und nach drängte sich ihm immer stärker der Gedanke auf: Jemand musste ihm seine Axt gestohlen haben. Sein Verdacht richtete sich schließlich auf den Sohn seines Nachbarn. Er fing an, das Verhalten des jungen Mannes genauer zu beobachten. Es dauerte nicht lange, und sein Verdacht wandelte sich zur Gewissheit: Dieser Bursche war der Dieb. Er konnte einem nicht direkt in die Augen schauen; er war undurchsichtig; er wirkte verängstigt, was verriet, dass er etwas zu verbergen hatte. Kurz, er schaute wie ein Dieb drein, ging wie ein Dieb, wirkte wie ein Dieb. Unser Holzfäller wartete nur noch darauf, ihn auf frischer Tat ertappen zu können.

Doch als er eines Tages wieder an ein Waldstück kam, an dem er ebenfalls bereits etliche Bäume gefällt hatte, stolperte er fast über einen Gegenstand: seine Axt. Dieses Erlebnis verblüffte ihn ziemlich. Von da an betrachtete er den Burschen zwar nicht mehr als Dieb, aber trotzdem begegnete er ihm weiterhin mit einem gewissen Misstrauen.

Zur Einführung

Sich seiner Projektionen auf andere bewusst zu werden, ist der königliche Zugangsweg zur immer wieder sich entziehenden Wirklichkeit des eigenen Schattens. Vernachlässigt man diese Erkenntnis seiner Projektionen, so blockiert dies das innere Wachstum und die Entfaltung der eigenen sozialen Anlagen. Die Elemente seines Schattens, die man auf andere projiziert, entfremdet man sich selbst und bringt sich folglich um die Erkenntnis seiner eigenen inneren Möglichkeiten. Wer nicht die Kunst erwirbt, seine Projektionen zurückzunehmen, verschließt sich in sich selbst. Die Aspekte des eigenen Schattens, die man den anderen zuschreibt, kehren sich schließlich gegen einen selbst; sie wecken dann Zustände der Angst und Depression und werden zur Quelle zahlreicher Beschwerden und Konflikte im zwischenmenschlichen Leben. Kurz, jede nicht zurückgenommene Projektion wird zu einer Art Selbstverstümmelung, zu einer gegen sich selbst gerichteten Aggression mit ihrer ganz eigenen psychischen Energie.

Man kann es jedoch lernen, den unheilvollen Einfluss der Projektionen seines Schattens zu erkennen und zu neutralisieren. Bringt man es schließlich fertig, sie in den bewussten Bereich seines Wesens zu reintegrieren, so verschaffen sie einem eine unschätzbare Kenntnis der eigenen dunklen Seite und fördern zugleich eine neue Harmonie zwischen dem Schatten und der bewussten Seite.

Soweit ich weiß, gibt es keinen präziseren und effektiveren psychologischen Test als die Untersuchung der eigenen Projektionen, um die Eigenschaften und Charakterzüge zu erkennen, die für den eigenen Reifungsprozess noch fehlen. Es ist in Wirklichkeit so, dass wir genau die Eigenschaften und Charakterzüge, die wir eventuell bei anderen verachten und ablehnen, noch dringend bei uns selbst entfalten müssen.

Wenn ich zum Beispiel jemanden, der sanft, still und unaufdringlich ist, verachte, dann zweifellos deshalb, weil mir diese Fähigkeiten als Gegengewicht für meinen zu aggressiven Charakter, mein zu hektisches Leben und mein Bedürfnis, im Mittelpunkt zu stehen, fehlen. Das Erste ist dann, dass ich meine Abneigung dagegen überwinde, sanft, still und bescheiden zu werden, das heißt, eine Art Mensch zu werden, die ich unsympathisch finde. Aber habe ich erst einmal meine Abneigung überwunden, hilft mir alles das, was ich von diesem Menschen lernen kann, eine größere Reife zu erlangen.

Dieser Prozess der Reintegration des Schattens erinnert an ein Prinzip der Homöopathie, bei der man sich dadurch kräftigt, dass man sich mit einer kleinen Dosis genau des Giftes ansteckt, gegen das man widerstandsfähig werden will.

Im vorliegenden Kapitel geht es um zwei große Themenbereiche. Zunächst will ich das Phänomen der Projektion des Schattens genauer analysieren; sodann beschreibe ich die Etappen, die man bewältigen muss, um die Elemente des eigenen Schattens wieder für sich selbst zurückzugewinnen, die man auf diese Weise projiziert hatte.

1. Was ist das genau: seinen Schatten auf jemand anderen projizieren?

Die Geschichte einer Projektion

Hier folgt eine wahre Geschichte, die das Phänomen der Projektion des Schattens auf jemand anderen besser verstehen helfen kann.

Der Universitätsprofessor Adrien lässt keine Gelegenheit aus, über die Inkompetenz seines Kollegen Georges zu klagen, sowohl in der Lehre wie in der Forschung. Er lauert nur auf jeden Klatsch zu diesem Thema. Genüsslich erzählt er, wie schwer sich Georges mit den Studenten tue. Er durchsucht mit der Lupe dessen Veröffentlichungen, um darin Fehler zu finden, und seien es nur einfache Rechtschreibfehler. Zuweilen wundert sich Adrien selbst über die Inbrunst, mit der er seinen Kollegen schlecht macht, wo er nur kann.

Es kommt vor, dass Adrien sich dessen bewusst wird, dass seine abschätzigen Äußerungen bei den anderen Professoren mit Unbehagen aufgenommen werden. Er wundert sich, wie blind sie sind. Es ist ihm völlig unverständlich, dass sie die beruflichen Schwächen von Georges gar nicht richtig sehen. Für ihn liegen sie auf der Hand. Zuweilen kommt ihm sogar der Verdacht, sie und Georges steckten unter einer Decke.

Adrien ist sich seiner eigenen Angst davor, als inkompetent eingeschätzt zu werden, nicht bewusst. Schon allein der Gedanke, er könnte nicht in der Lage sein, den Ansprüchen seines Berufs zu genügen, macht ihm Angst. Diese treibt ihn dazu an, Georges zum Sündenbock zu machen. Außerdem hilft ihm seine Konzentration auf die Schwächen von Georges, seine eigene Angst einigermaßen los zu werden und seine eigenen Schwachpunkte zu vergessen.

Der Wunsch Adriens, sich den Ruf eines hervorragenden Professors zu erwerben, hindert ihn daran, seine eigenen Schwächen auf professionellem Gebiet zu sehen. Den Gedanken, dass auch seine Arbeit Lücken aufweisen könnte, hat er ganz tief in sein Unbewusstes verdrängt. Er hat das dringende Bedürfnis, auf das, was er in seinem Schatten verborgen hält, bei seinem Kollegen deutlich hinzuweisen.

Georges seinerseits kann sich einer tiefen Verachtung gegen Adrien nicht erwehren, weil dieser so hart arbeitet und es an Menschlichkeit fehlen lässt. Tatsächlich ist es selten, dass eine Projektion nur in einer Richtung erfolgt. Adrien und Georges haben sich darin verstrickt, sich gegenseitig ständig schlecht zu machen. Sie gleichen zwei Krabben in einem Korb, die sich unbedingt gegenseitig feindlich umklammern müssen.

Die Theorie der Projektion

Die Projektion ist ein sowohl psychisches wie spirituelles Phänomen. Mir ist klar, dass eine ausführliche Darstellung dieser Thematik sehr umfangreich würde und beschränke mich hier darauf, den Begriff im Sinn C. G. Jungs zu erläutern. Marie-

Louise von Franz, eine berühmte Schülerin Jungs, definiert die Projektion im Anschluss an ihren Meister als „eine unbewusste, d. h. nicht wahrgenommene und unabsichtlich geschehene Hinausverlegung eines subjektiven Tatbestandes in ein äußeres Objekt."[25] Mit anderen Worten, die Projektion besteht darin, Eigenschaften und Züge, die man bei sich selbst verdrängt hat, zu sehen, zu hören und zu spüren, indem man sie ähnlich wie ein Diapositiv auf einer Fläche außerhalb seiner selbst abbildet. So findet also eine Verlagerung des psychischen Materials aus dem Inneren seiner selbst in etwas einem selbst Äußeres statt.

Die Psychoanalyse sieht in der Projektion einen primären Verteidigungsmechanismus des Bewussten gegen das mögliche Überschwemmtwerden vom Unbewussten. Sie ist der Ansicht, dass alles, was dem Bewusstsein inakzeptabel erscheint, früher oder später wieder im Äußeren des Betreffenden auftaucht, verteilt auf Gegenstände, Tiere oder Menschen.

Von Franz präzisiert, dass sich der „Projektor" – der Urheber der Projektion – fast immer sowohl seines Akts des Projizierens auf andere als auch seiner Projektionen unbewusst bleibt. Das einzige, dessen er sich dabei bewusst sein kann, ist das Empfinden, im Bann eines merkwürdigen Gefühls zu stehen, dessen Objekt entweder faszinierend oder abstoßend sein kann. Anziehung verspürt er, wenn ihm die projizierten Eigenschaften oder Charakterzüge als wünschenswert erscheinen; Abneigung empfindet er, wenn sie ihm verwirrend oder bedrohlich vorkommen. Die Folge ist, dass er im ersten Fall dazu verleitet sein wird, den betreffenden Menschen zu idealisieren, im zweiten Fall, ihn zu verachten. In beiden Fällen ist die Einschätzung des „Projektors" jedoch verzerrt, weil sie in keinem Verhältnis zur Wirklichkeit steht. Schließlich glaubt er, es mit etwas zu tun zu haben, was außerhalb von ihm ist, wo es doch in seinem eigenen Unbewussten lebt.

---

25 M.-L. von Franz, *Spiegelungen der Seele*, München 1988, 11.

Projektionen des Schattens bei der leidenschaftlichen Liebe

Die leidenschaftliche Liebe bietet ein fruchtbares Feld für Projektionen. Dabei dient der geliebte Mensch als „symbolischer Träger" der Projektion und wird mit ungemein attraktiven Zügen ausgestattet. Beruht die Liebe auf Gegenseitigkeit, so findet zudem eine wechselseitige Projektion statt. Die leidenschaftliche Liebe nährt sich tatsächlich von der gegenseitigen Projektion des weißen Schattens der beiden Partner aufeinander.

In der Phase des Angezogenwerdens voneinander sieht der Verliebte in der Geliebten die Verkörperung aller der Eigenschaften, die er selbst gern hätte, deren Erwerb er aber in seinen Schatten verdrängt hat. Indem er sich an sie hängt, bekommt er das Gefühl, sich selbst alle die erwünschten Eigenschaften anzueignen, die er verborgen hatte. Jemand hat humorvoll bemerkt, es sei leichter, einen Partner oder eine Partnerin mit allen den Eigenschaften, die man gern selbst hätte, zu heiraten, statt sich die Mühe zu machen, sie sich selbst anzueignen. Der stille, gefühlvolle, sparsame und spontane Liebende wird darum dazu neigen, sich eher in eine dynamische, zurückhaltende, großzügige und häusliche Frau zu verlieben. Bei der leidenschaftlichen Liebe ziehen sich die Gegensätze an.

Doch wenn die Leidenschaft dann abkühlt, kippt die Situation völlig um. Denn die Faszination der leidenschaftlichen Liebe ist wankelmütig. In Folge des Abnutzungseffekts im Alltag kann sich die Anziehungskraft sogar unmerklich in Abneigung umwandeln. Dabei hat sich nicht der Charakter des Liebenden verändert, sondern die anfängliche Faszination hat sich in Abstoßung verkehrt. Wenn die sexuelle Anziehungskraft allmählich nachlässt, kehren die alten Ängste, die der Schatten nährt, wieder an die Oberfläche zurück. So kommt man schließlich wieder an seinen Ausgangspunkt zurück, das heißt dorthin, wo man all das in seinen Schatten verbannt hatte, was zu einer Ablehnung seitens der Gesellschaft hätte führen können.

Was für ein Paar zu Beginn seiner Beziehung faszinierend wirkte, wird jetzt eher zum abstoßenden Element. Der Mann bekommt dann den Eindruck, die ideale Frau aus der Zeit der Verliebtheit habe sich von Grund auf verändert: Aus der ehemals „dynamischen" Persönlichkeit sei ein „hysterisches" Wesen geworden, aus der „Zurückhaltenden" ein „Eisschrank", aus der „Großzügigen" eine „Verschwenderin", aus der „Häuslichen" eine „Sture". Das gleiche Drama erlebt die Frau: Aus ihrem Mann, den sie als „Stillen" geschätzt hatte, ist ein „Langweiler" geworden, aus dem „Gefühlvollen" ein „Sexbesessener", aus dem „Sparsamen" ein „Geizhals" und aus dem „Spontanen" ein „Treuloser". Die Gründe, die sie bewogen hatten, einander zu heiraten, sind jetzt zu Gründen dafür geworden, sich zu trennen.

Für Ehepartner ist es nicht leicht, sich aus der Sackgasse wieder heraus zu manövrieren, in die sie durch die gegenseitige Projektion ihres Schattens geraten sind, selbst wenn diese ihnen anfangs anscheinend sehr wohl getan hatte. Wenn sie ihre Ehe retten wollen, bleibt ihnen keine andere Wahl, als damit aufzuhören, sich ständig gegenseitig Vorwürfe zu machen, sich ihren je eigenen Schatten endlich selbst anzueignen und eine neue Beziehung aufzubauen, die auf der gegenseitigen Anerkennung ihrer je eigenen Persönlichkeit beruht. Das ist der Hauptmangel, den irgendwann alle Paare aufarbeiten müssen, wenn sie wollen, dass ihre Gemeinsamkeit reift und auch sie selbst durch sie reifer werden.

Eine typische Eigenschaft der Projektion des Schattens: die emotionale Erregung

Bei einem Vortrag über den Schatten brachte ein Zuhörer den Einwand: „Nach Ihrer Theorie ist es nur das Ergebnis einer Projektion, wenn man bei einem anderen einen Mangel oder ein Versagen feststellt." Diese Frage bietet mir die Gelegenheit, die wichtige Unterscheidung zwischen einer objektiven Beobachtung und einer durch eine Projektion des Schattens verzerrte Beobachtung, die man als rein subjektiv bezeichnen könnte, einzubringen.

Man kann bei jemandem unhöfliche Züge oder unziemliche Verhaltensweisen feststellen, ohne sich davon persönlich besonders berührt oder getroffen zu fühlen. Wenn einem diese unhöflichen Züge oder unziemlichen Verhaltensweisen des Betreffenden jedoch „auf die Nerven gehen" und einen derart aus dem Häuschen bringen, dass man gegen ihn Abneigung oder sogar vor ihm Angst empfindet, besteht aller Grund zur Annahme, dass man auf den Betreffenden etwas projiziert hat. Man hat seine unangenehmen Verhaltensweisen übertrieben oder vergröbert. Wahrscheinlich hat man in ihm das wahrgenommen, was man selbst sein Leben lang in sich nicht wahrhaben wollte und in sein Unterbewusstsein zu verdrängen versucht hat.

Das Gleiche gilt für die Vorurteile. Wenn man bereit ist, grundlos jemandem schlechte Absichten zu unterstellen oder ihn ohne stichhaltigen Grund zu verdächtigen, spiegelt man offensichtlich auf ihn einen verborgenen Teil seiner selbst, den man bislang zu leugnen bemüht war.

Die schädliche Auswirkung der Projektion

Robert Bly äußerte in einem Vortrag, wer Gegenstand einer Projektion sei, laufe eine echte Gefahr für die Integrität seiner Person und sogar seines Lebens. Im Fall, dass jemand anderer seine positiven Seiten zu sehr bewundere, riskiere er, sich allzu sehr schmeicheln zu lassen und sich Illusionen über sich selbst zu machen; oder falls jemand ihn energisch ablehne, drohe ihm, dass er als Sündenbock missbraucht werde. Tatsächlich belegt die Geschichte ja, wie es immer wieder zu kollektiven Projektionen gekommen ist, die zu entsetzlichen Verbrechen, grausamen Verfolgungen und Kriegen führten. Denken wir nur an die Hexenjagd: Tausende von Frauen kamen auf dem Scheiterhaufen um, weil man sie verdächtigte, mit dunklen Mächten im Bund zu stehen.

Die alltäglichen Projektionen sind zwar nicht so augenfällig, aber selbst die positiven unter ihnen sind nicht weniger gefährlich. Marie-Louise von Franz vergleicht sie mit „Geschossen". Wer immer das Unglück hatte, zur Zielscheibe dafür zu werden, fühlt sich anschließend verwundbarer und ist eher zu Selbstzweifeln geneigt.

> Wenn andere Menschen auf uns eigene positive oder negative Eigenschaften projizieren, bewirkt dies oft eine gewisse Ichunsicherheit. Man weiß nicht mehr, ob man solche schönen oder hässlichen Züge wirklich hat oder nicht, zumal ja ein „Haken" fast immer vorhanden ist, an den die Projektion angehängt wurde.[26]

Mit dem „Aufhänger" meint von Franz den Umstand, dass jeder ansatzweise tatsächlich Züge besitzt, an die sich die betreffende Projektion bei ihm „anhängen" kann. Wenn man zum Beispiel auf jemanden seine eigene Aggressivität projiziert, dann hat dieser Mensch vermutlich bereits gewisse Züge der Aggressivität an sich.

Das Vorhandensein derartiger gefährlicher Effekte in den Beziehungen zwischen Eltern und Kindern oder Therapeuten und Klienten wird immer deutlicher erkannt. Es wäre sehr interessant, hier genauer zu verfolgen, wie sich der Schatten der Eltern auf das Unbewusste des Kindes auswirkt oder welcher Transfer und Gegentransfer tagtäglich in Therapien stattfindet; aber ich will hier darauf verzichten, weil das den Rahmen der vorliegenden Darstellung sprengen würde.

Die Projektion und die Erschaffung von Feinden

Die Worte Jesu über die Feindesliebe gehören zu den erstaunlichsten der ganzen Evangelien: „Ihr habt gehört, dass gesagt worden ist: *Du sollst deinen Nächsten lieben und deinen Feind hassen*. Ich aber sage euch: *Liebt eure Feinde und betet für die, die euch verfolgen*" (Mt 5,43–44). Auf den ersten Blick schreckt eine solche Vorschrift ab und wirkt unvernünftig. Verlangt Jesus etwa, uns selbst zu verraten, ja uns als Masochisten aufzuführen?

Doch bei etwas gründlicherem Nachdenken merkt man, dass das Gebot der Feindesliebe gar nicht so unvernünftig ist.

---

[26] M.-L. von Franz, a.a.O. 35f.

Bedenkt man nämlich, dass wir uns recht oft unsere Feindbilder selbst aufbauen und in sie die Last unseres eigenen Schattens packen, so ist eine Warnung davor durchaus angebracht. Wenn Einzelne und Kollektive sich dessen bewusst werden und es lernen, ihre eigenen Projektionen wieder zurückzunehmen, wird sie das bereichern; sie werden entdecken, dass die anderen nicht „Feinde", sondern „Nachbarn" sind, und folglich werden sie ihnen dann auch weniger rasch den Krieg erklären. Solange sie sich jedoch nicht darum bemühen, ist abzusehen, dass sie immer wieder zum Opfer ihrer eigenen Projektionen werden gemäß einem hinduistischen Sprichwort: „Wählt euch eure Feinde sorgfältig aus, denn schon bald werdet ihr ihnen ganz ähnlich."

2. Die „Wiederaneignung" der Projektionen seines eigenen Schattens

Ist es möglich, sich von den Projektionen zu „kurieren", die man auf andere geworfen hat? Der Schatten ist seiner Definition nach nur schwer zu greifen; von Natur aus entzieht er sich auch den angestrengtesten Versuchen des Bewusstseins, ihn festzunageln. Jedoch ist die mit ihm verbundene Anziehungskraft oder Abneigung etwas Ständiges und Bleibendes. Über sie hat man gute Aussichten, die Regungen des Schattens zu entdecken und dahinter zu kommen, was sie bedeuten. Und so kann man sich auf dem Umweg über sie auch von seinen Projektionen „kurieren", indem man ihr Vorhandensein bei sich entdeckt und sie wieder zurücknimmt.

Ich möchte jetzt anhand von vier typischen Fällen der Projektion die fünf üblichen Etappen beschreiben, auf denen man sich seinen Schatten wieder aneignet.

Erste Etappe: Unbewusst erschafft man Projektionen

Die folgenden vier Menschen sind gerade voll dabei, etwas auf jemand anderen zu projizieren:

1. Christian ist in einer Familie groß geworden, in der es um jeden Preis friedlich und ruhig zugehen musste. Seine Mutter und sein Vater haben es ihm nie erlaubt, auch nur im Geringsten seine Wut an den Tag zu legen. So war er in den Ruf gekommen, ein „besonders stiller und lieber Junge" zu sein. Wie nicht anders zu erwarten, hatte er sich als Frau einen eher kämpferischen und dominanten Typ gewählt. Derzeit ist der Wurm in seiner Ehe. Er wirft seiner Frau vor, sie sei eine „Furie". Umgekehrt kritisiert seine Frau an ihm, er sei „weich" und „lasch".
2. Isabelle, eine unverheiratete dreißigjährige Frau, hat endlich eine religiöse Gruppe gefunden, die ihren spirituellen Wünschen entspricht und ihr zusagt. Sie hat ihr Vertrauen voll und ganz dem Guru geschenkt, der eine eindeutige charismatische Begabung dafür an den Tag legt, seine Schülerinnen und Schüler spirituell zu unterweisen und sie in Übungen einzuführen, die sie weiterbringen.
3. Gerhard hat sich den Ruf eines unermüdlichen Arbeiters erworben. Er hat sich mit einem alten Bekannten zusammengetan und mit ihm eine neue Firma gegründet. Doch je mehr er sich abrackert, um die Firma hochzubringen, desto stärker wird sein Eindruck, dass sein Partner nichts tut. Der nimmt häufig frei, um seiner Leidenschaft fürs Golfspielen zu frönen. Wenn er im Büro erscheint, dann vorwiegend dazu, mit den Angestellten herumzuplaudern und ihnen die Zeit für die Arbeit zu stehlen. Gerhard reicht es schließlich. Er kann seinen „Faulenzer"-Kompagnon nicht länger ertragen.
4. Gertrude, eine sehr hübsche, zarte Frau, hat den Mann geheiratet, der ihr eine bequeme finanzielle Sicherheit gewährleisten und ihr jederzeit mit väterlichen Ratschlägen zur Seite stehen kann. Nach einigen Ehejahren hat sie damit aufgehört, in ihrem Ehepartner den väterlichen Beschützer zu sehen. Jetzt empfindet sie ihn nur noch als belastend; er erinnert sie fortwährend daran, wie sie schon ihr eigener Vater immer dominiert hatte.

Diese vier Fälle stellen Menschen dar, die selbst zu Opfern der Projektion ihres Schattens geworden sind. Der erste hat seiner Frau vollends das Wenige überlassen, was in ihm selbst noch an Kämpferischem steckte; im zweiten Fall hat Isabelle in ihrem Guru die volle spirituelle Verwirklichung gefunden, die sie eigentlich selbst erreichen wollte; der dritte, Gerhard, hat seinem Kompagnon die Aufgabe überlassen, sich neben der Arbeit auch um die Erholung zu kümmern; und Gertrude schließlich hatte auf ihre finanzielle und psychische Autonomie verzichtet und sie auf ihren Mann projiziert.

Diese vier Menschen leben in einer schwierigen Prüfungssituation. Sie fühlen sich einem anderen ausgeliefert, der sie anscheinend daran hindert, selbst voll und ganz zu leben. Wie können sie den Reichtum wiederfinden, den ihr Schatten birgt? Besteht die Lösung in der Trennung oder Flucht? Die Erfahrung hat gezeigt, dass diese Menschen selbst dann, wenn sie sich scheiden ließen oder trennen würden, auf ihrem weiteren Lebensweg wieder andere Partner von genau der gleichen Art wie die früheren finden würden.

Zweite Etappe:
Die von der Projektion fabrizierte Maske stimmt nicht mehr ganz

Wenn man auf jemanden seinen Schatten projiziert, ist es, als lege man ihm eine Maske über das Gesicht und reagiere dann auf diese. Die auf diese Weise erschaffene Person wirkt dann je nachdem anziehend oder abstoßend. Die Maske, von der man meinte, sie passe genau auf diesen Menschen, tut das nicht immer, und ständig besteht die Gefahr, dass sie sich löst. Das heißt, die mit der betreffenden Projektion ausgestattete Person entspricht mit ihrem tatsächlichen Verhalten nicht immer dem günstigen oder negativen Vorurteil, mit dem man sie belegt hatte.

So stellt Christian fest, dass seine Frau gelegentlich Anflüge von Zärtlichkeit und Liebenswürdigkeit an den Tag legt, die das Bild in Frage stellen, das er sich von ihr gemacht hatte. Sie scheint nicht immer die „Furie“ zu sein, die er in ihr zu sehen glaubte.

Isabelle ist zwar voll ihrem Guru hingegeben, aber es überrascht sie dann doch sehr, als sie erfährt, dass er regelmäßig mit seinen hübschesten Schülerinnen „schläft". Zudem versteht sie nicht recht, wie ein Mensch, der in einem derartigen Ruf der Heiligkeit steht, sich teure Autos schenken lassen kann, die er gar nicht benützt.

Gerhard ist gelegentlich ganz überrascht davon, dass sich sein fauler Kompagnon doch für die Angelegenheiten der Firma interessiert und, wenn es sein muss, ein ordentliches Stück Arbeit hinlegen kann.

Gertrude wundert sich, dass ihr Mann nicht immer nur der Tyrann ist, an den sie ihrer Meinung nach geraten ist, denn zuweilen erweist er sich als sanft und versöhnlich.

Hier fangen also der „Projektor" oder die „Projektorin" an, die Richtigkeit der eigenen Vorurteile in Zweifel zu ziehen. Diese Augenblicke des Zweifels könnten der Anlass dazu sein, die eigene Projektion zu erkennen und die falsche Wahrnehmung, die man vom anderen hat, zu korrigieren. Doch halten sich im Allgemeinen diese Phänomene leider sehr hartnäckig.

Dritte Etappe:
Man rechtfertigt sein übertriebenes Urteil über den anderen, um seine Projektion aufrecht erhalten zu können

Es fällt nicht leicht, seine Projektionen aufzugeben. Selbst in Augenblicken des Zweifels versucht man sich gegen allen Augenschein davon zu überzeugen, dass der andere doch so ist, wie man ihn zunächst eingeschätzt hatte.

Christian, der „liebe Junge" als Ehemann, erprobt die Toleranz seiner Frau damit, dass er immer öfter später von der Arbeit heimkommt, ohne ihr das vorher zu sagen. Oder er vergisst (vorsätzlich?) den einen oder anderen wichtigen Jahrestag oder Geburtstag. Seine Frau wird dann jedes Mal wegen seiner Unzuverlässigkeit oder Vergesslichkeit wütend. Diese aggressiven Ausbrüche bestätigen aufs Neue sein Bild von der „Furie", das er sich von ihr gemacht hatte.

Isabelle möchte klären, was nun eigentlich wirklich mit ihrem Guru los ist und stellt ihn zur Rede: Wie sich seine

Lehre mit seinen sexuellen Seitensprüngen und seinem extravaganten Luxus vertrage? Er bleibt ganz ruhig und erläutert ihr, ab einer bestimmten Stufe der Entsagung gewinne man die volle Freiheit, alle Menschen „lieben" und die Reichtümer der Schöpfung genießen zu können. Isabelle ist mit dieser Erklärung einigermaßen zufrieden und gibt sich alle Mühe, weiterhin an die Heiligkeit ihres Gurus zu glauben.

Gerhard verdoppelt seine Anstrengungen, seinen Kompagnon zu überwachen, um genau festzustellen, ob er tatsächlich stinkfaul ist, in der heimlichen Hoffnung, ihn beim Zeitvergeuden zu ertappen. Tatsächlich gelingt ihm das immer wieder einmal. Das genügt ihm, um ihn in seiner Überzeugung zu bestätigen, sein Kompagnon sei ein Erzfaulenzer.

Gertrude wird durch die Anflüge der Güte seitens ihres Mannes in ihrem Urteil verunsichert. Sie besucht den Vortrag einer Feministin, die aufzeigt, dass sich alle Männer seit uralten Zeiten als dominierende, phallokratische Patriarchen aufführen. Sie kommt vom Vortrag mit der Überzeugung heim, dass selbst die Liebenswürdigkeiten der Männer nur Schwindelmanöver sind, um ihre Vorherrschaft über das weibliche Geschlecht zu wahren.

Um die eigene Projektion nicht abbauen zu müssen und es zu vermeiden, sich plötzlich mit der Wirklichkeit des eigenen Schattens auseinandersetzen zu müssen, sind „Projektor" und „Projektorin" also bereit, sich mit Scheinargumenten zufrieden zu geben, die ihre kategorischen Urteile rechtfertigen.

Vierte Etappe: Man fühlt sich durch die in Folge der Projektion geschaffene Situation hilflos und in seinem Sein gemindert

Wenn „Projektor" und „Projektorin" hartnäckig weiterhin um jeden Preis die Projektion des eigenen Schattens auf den anderen beibehalten, bleibt es nicht aus, dass sie sich nach einiger Zeit plötzlich hilflos und in ihrem Sein gemindert und versehrt fühlen. Man kann sich leicht vorstellen, welches ungeheuren Aufwands an psychischer Energie es bedarf, wenn man sich ständig von einem Gegenüber hin und her reißen lassen muss, der abwechselnd anziehend und abstoßend wirkt.

„Projektor" bzw. „Projektorin" fühlen sich aus zwei Gründen gemindert. Erstens spüren sie es ständig, dass ihnen die Eigenschaften fehlen, die sie auf den anderen projiziert haben, was nicht ohne chronischen Stress abgeht. Und zweitens werden sie von ihren Projektionen geplagt, als kehre sich ihre eigene psychische Energie gegen sie selbst. Mit anderen Worten: Schließlich bekommen sie Angst vor sich selbst.

Betrachten wir unter diesem Gesichtspunkt unsere vier Beispielfälle und sehen wir zu, welche verheerenden Auswirkungen auf jeden seine eigenen Projektionen haben.

Christian, der gute Junge, der seine ganze Kämpfernatur an seine Frau abgegeben hat, kann sich nur schlecht gegen sie und gegen jeden anderen Menschen, mit dem er in Konflikt gerät, verteidigen. Er hat das Gefühl, nur ständig der „geprügelte Hund" zu sein.

Gerhard, der auf seinen Kompagnon seine Fähigkeit projiziert hat, sich auszuruhen und sich Zeiten der Muße zu gönnen, kommt immer wieder an der Rand der Erschöpfung durch seinen Beruf.

Isabelle ist trotz der Erklärungen ihres Gurus weiterhin von dessen eigenartigem Leben verunsichert und empfindet deswegen Ängste. Sie wird immer verwirrter und verfällt in spirituelle Trockenheit.

Gertrude hält sich immer noch für das Opfer ihres Mannes. Sie verliert immer mehr ihr Selbstvertrauen, und wenn sie Anfälle des Hasses gegen ihn bekommt, fühlt sie sich nur desto abhängiger von ihm.

Wer versucht, die Projektion seines Schattens auf einen anderen beizubehalten, gleitet nach und nach in die physische Erschöpfung und psychische Depression ab. Er kommt sich schließlich hilflos und auf allen Ebenen gemindert und verarmt vor. Folglich lebt er immer mehr aus einer Abwehrhaltung, scheut sich vor Risiken und neigt dazu, sich zu seinem Nachteil mit anderen zu vergleichen. Und schließlich neigt er dazu, sich selbst vorzuwerfen, nichts zu tun und vor allem, zu nichts nütze zu sein.

Fünfte Etappe:
Man übernimmt die Verantwortung für seinen Schatten

Die Depression bringt oft den „Projektor" oder die „Projektorin" so weit, sich der pathologischen Situation bewusst zu werden, in der sie sich befinden und sich nach Hilfe umzusehen, um daraus herauszukommen. So gibt sie den Anstoß dazu, sich endlich seine Projektionen wieder anzueignen und auf diese Weise eine realistische Selbsteinschätzung zu gewinnen, die es dem betreffenden Menschen gestattet, auf gesunde Weise zu sich selbst zu stehen.

Wie lassen sich also die vier Geschichten der Personen, deren Entwicklung wir bis hierher verfolgt haben, zu einem glücklichen Abschluss führen?

Christian muss es zunächst fertig bringen, keine Angst mehr vor seiner eigenen Kämpfernatur zu haben und sich seines Durchsetzungsvermögens bewusst zu werden. Dann kann er es lernen, Milde und Aggressivität miteinander zu versöhnen. Auf diese Weise legt er seinen belastenden Ruf, ein „guter Junge" zu sein, ab und erweist sich für seine Frau als interessanterer Partner als bisher.

Isabelle hat schließlich die Extravaganzen ihres Gurus satt, verlässt die Sekte und willigt ein, sich von einem Fachmann „entprogrammieren" zu lassen. Danach bemüht sie sich darum, wieder das zu entdecken, was früher ihr spirituelles Leben genährt hatte.

Gerhard müsste es von seinem Kompagnon lernen, das Leben nicht mehr so furchtbar ernst zu nehmen und sich auch Zeiten der Erholung zu gönnen. Dadurch würde die Qualität seines Lebens wie auch seiner Arbeit bedeutend verbessert.

Gertrud schließlich sollte sich nicht mehr in Vorwürfen gegen ihren Mann erschöpfen, sondern in sich selbst das Vorhandensein der männlichen Qualitäten des Muts, der Initiative und der Stärke entdecken. So würde sie sich das gesamte Potenzial ihrer männlichen Seite zähmen und bräuchte nicht mehr mit ihrem Gatten zu rivalisieren, sondern könnte künftig eine ebenbürtige Partnerin für ihn sein.

Das Sprichwort sagt: „Niemand kann über seinen eigenen Schatten springen", das heißt, ihn loswerden. Wenn man versucht, ihn aus seinem Leben auszuschalten, macht er sich darin nur desto energischer als rächender Geist bemerkbar, und das auf unterschiedliche Weisen: in Form von Angst, Schuldgefühlen, Befangenheit und Depression.

Siebtes Kapitel

Strategien zur Zähmung des eigenen Schattens

Besser ganz als vollkommen sein.

C. G. Jung

Wie ich mein neues Schiff belade

Ich besaß ein ganz neues Schiff und hatte Angst, es käme zu Schaden. So füllte ich seine Laderäume nur mit ganz geringer Last. Da schaukelte es so nervös auf dem Wasser, dass man seinen Kiel über dem Wasser sehen konnte. Als heftiger Wind aufkam, legte es sich butterweich derart flach, dass ich es gar nicht mehr zu lenken vermochte. Zudem brachte mir jede Fahrt nur sehr wenig Gewinn ein.

Darum beschloss ich, es voller zu beladen. Da senkte sich mein Schiff bis an seine Wasserlinie in das Meer hinein. Es gehorchte nur träge meinen Befehlen. Doch wusste ich, dass mir jetzt jede meiner Fahrten beträchtlich mehr einbrachte. Aber eines Tages wollte mein Schiff bei wilder See fast sinken. Für einen Moment glaubte ich bereits, ich würde es verlieren. Zum Glück kam mir ein anderes Schiff zu Hilfe, und so konnte ich heil und sicher den Hafen erreichen.

Im Lauf der Zeit habe ich es gelernt, mein Schiff so zu beladen, dass ich es gut manövrieren und dabei doch genügend verdienen kann, ohne dabei allzu hohe Risiken einzugehen.

Zur Einführung

In den beiden letzten Kapiteln wurden die verschiedenen Facetten des Schattens aufgezeigt und Möglichkeiten an die Hand gegeben, seine Äußerungen zu erkennen. Wenn man all das weiß, bedeutet das bereits einen echten Fortschritt in der Tiefenerkenntnis seines eigenen Wesens. Doch so wertvoll diese Informationen auch sein mögen, sie genügen nicht dazu, die Reintegration seines eigenen Schattens ins Werk zu setzen. Man muss dafür noch bestimmte Strategien zu Hilfe nehmen, damit man die Eigenschaften und Züge seiner *persona* mit denjenigen seines Schattens versöhnen kann.

Alle Strategien zur Herstellung dieser Versöhnung umfassen jeweils zwei Schritte: Beim ersten stellt man zunächst dem Selbst das psychische Material vor, und beim zweiten überlässt man es diesem, dieses Material einzuordnen. Während der ersten Etappe beschäftigt sich das bewusste Ich damit, dem Selbst die gegensätzlichen Elemente seiner Persönlichkeit zu unterbreiten, das heißt jeweils eine Facette des Schattens zusammen mit der entsprechenden Facette des Ich-Ideals *(persona)*. Wenn zum Beispiel jemand in seinem Schatten eine verdrängte Aggressivität entdeckt, muss er sich darum bemühen, deren bewusstes Gegenstück herauszufinden, in diesem Fall also die übertriebene Sanftheit seiner *persona*. Während der zweiten Etappe geht es dann darum, dem Selbst so präzise wie möglich das Gegensatzpaar, also die verdrängte Aggressivität und die bewusste Sanftheit, vorzustellen und es zu bitten, darauf seine Integrationskraft anzuwenden. Die willentliche bewusste Arbeit beschränkt sich also auf die erste Etappe.

Das heißt mit anderen Worten, dass das bewusste Ich auf die Integrationskraft des Selbst vertraut und ihm den Auftrag erteilt, mittels eines einheitsstiftenden Symbols die gegensätzlichen Eigenschaften und Züge seines Charakters zu einem komplexeren harmonischen Ganzen zusammenzufügen. Wenn die Aufgabe wie im gerade genannten Beispiel darin besteht, die Aggressivität des Schattens mit der Sanftheit der *persona* zu versöhnen, kann es sein, dass die Aggressivität die Gestalt einer Schlange und die Sanftheit die eines Vogels annimmt. Das Selbst vollzieht dann deren Integration unter Verwendung eines archetypischen Bildes, hier vielleicht desjenigen einer geflügelten Schlange oder eines fliegenden Drachens. Bei den Teilnehmern meiner Seminare über den Schatten ist die Erfahrung recht häufig, dass das Selbst solche einheitsstiftende, Heilung bewirkende Symbole erschafft.

1. Bedingungen für die Arbeit der Reintegration von eigenem Schatten und bewusstem Ich

Die Arbeit der Reintegration des Schattens im bewussten Bereich ist eine heikle psychospirituelle Aufgabe. Ihr Erfolg hängt von einer Reihe von Bedingungen ab, die zunächst genauer beschrieben werden müssen; erst danach soll die Strategie der Integration genauer erläutert werden.

Eine erste Bedingung besteht darin, dass man *sich vor jedem hastigen, überstürzten Tun hüten* sollte. Wenn man nämlich jäh allzu viel unbewusstes Material zu Tage fördert, läuft man Gefahr, in depressive Zustände zu geraten. Zur Veranschaulichung dieser Gefahr verwendet Jung die Metapher vom Fischer, der sein Boot schlecht lädt. Wenn er es überlädt, läuft er Gefahr, es zum Sinken zu bringen; belädt er es zu schwach, verliert er Zeit und Geld.

Daher besteht ein wichtiger Rat an jeden, der „seinen Schatten aufessen", das heißt reintegrieren will, darin, sich mit viel Geduld zu wappnen. Man muss die für die Wiederaneignung erforderliche Inkubationszeit unbedingt einhalten. Einer meiner Klienten war sehr ungeduldig darüber, wie langsam er sich von den Antrieben seines Schattens zu lösen vermochte. Da fragte ich ihn, wie er es anstellen würde, wenn er einen ganzen Walfisch verzehren müsste. Meine Frage brachte ihn zunächst aus der Fassung, aber dann begriff er schnell, dass das nur so geht, dass man beharrlich einen kleinen Bissen um den anderen zu sich nimmt.

Eine zweite Bedingung für den Erfolg ergibt sich aus der ersten. Sie besteht darin, *mehrmals einen Anlauf zu machen, einen bestimmten Zug seines Schattens zu entdecken und zu integrieren, statt zu versuchen, ihn mit einem Schlag zu integrieren.* Marie-Louise von Franz weist darauf hin, dass die Komplexe des Schattens Zeit brauchen, um sich aufzulösen und sich mit den bewussten Elementen wieder zu einem Ganzen zusammenzufügen. Ihre Erfahrung als jungsche Psychotherapeutin lehrte sie, dass bestimmte Komplexe des Schattens gegen jede bewusste Assimilation resistent sind.

In meiner eigenen beruflichen Praxis konnte ich beobachten, dass es bei der Geschwindigkeit der Reintegration des Schattens sehr große Unterschiede gibt. Manche müssen sehr viele kleine Siege ansammeln, um es schließlich zu schaffen, eine befriedigende Integration ihres Schattens zu erreichen.

Eine dritte Bedingung besteht darin, *ganz ausdrücklich sein Selbst dazu einzuladen, das Werk der Integration zu vollziehen*. Das kann man folgendermaßen machen. Ich fordere vor jeder Integrationsübung die Teilnehmer auf, sich darauf so vorzubereiten, dass sie sich auf ihr Selbst konzentrieren und seine Integrationskraft anrufen. Jeder Teilnehmer formuliert hierauf je nach seiner spirituellen Zugehörigkeit ein Gebet seiner Wahl. Christen etwa bitten den Heiligen Geist um seinen Beistand. Andere rufen vielleicht ihren Inneren Führer an, ihren Göttlichen Heiler, die Kraft der Liebe, den Weisen bzw. die Weise im eigenen Inneren usw.

Die vierte Bedingung für einen Erfolg schließlich besteht darin, die verschiedenen in der Folge vorgestellten Strategien *in Gegenwart eines Freundes und Zeugen anzuwenden, der dabei eventuell als Führer eingreifen kann*. Er kann den Betreffenden während schwieriger Übergänge der Übung ermutigen und stärken. Das erweist sich vor allem dann als notwendig, wenn der Übende zu zaudern anfängt oder versucht ist, das Unternehmen abzubrechen.

2. Strategien zur Zähmung des eigenen Schattens

Erste Strategie: mit seinem Schatten sprechen

Eine erste Strategie besteht darin, ein Psychodrama einzurichten, in dessen Verlauf man ein Zwiegespräch mit seinem Schatten unterhält. Ganz am Anfang muss man die Person genau ausmachen, auf die man seinen Schatten projiziert; sodann stellt man sich vor, dass sie einem auf einem Stuhl gegenübersitzt und man mit ihr einen spontanen Dialog anfängt. Manche führen dieses Gespräch lieber in schriftlicher Form und verwenden dazu ein Tagebuch. Dabei versetzt man sich abwechslungsweise immer wieder in die Rolle des eigenen Ich und in diejenige des imaginierten Gesprächspartners. Wichtig ist es, den Kontakt mit diesem aufrecht zu erhalten, um sich im Lauf des improvisierten Zwiegesprächs allmählich aneinander zu gewöhnen. Man lernt sich dabei gegenseitig immer besser verstehen, bis man schließlich zu einem Übereinkommen gelangt. Dabei verwandelt sich der bedrohliche Aspekt der Person, die einem unsympathisch ist, in etwas für einen selbst Konstruktives.

Man schließt die Übung damit ab, dass man die Stellung eines Schiedsrichters einnimmt, der die Versöhnungsarbeit, die zwischen der *persona* und ihrem Schatten stattgefunden hat, auswertet. Am Schluss bedankt man sich beim Selbst dafür, dass es die Versöhnung der betreffenden Parteien gefördert hat.

Ich hatte Gelegenheit, bei Chantal, einer meiner Studentinnen, die recht positiven Ergebnisse einer solchen Übung festzustellen. Sie fürchtete sich ziemlich vor ihrem kommenden Semester, weil sie in der Sorge lebte, es mit einem bestimmten Professor zu tun zu bekommen. Schon bevor sie ihn persönlich kennen gelernt hatte, regte sie sich über „seine arrogante Art" auf und verabscheute ihn regelrecht. Um aus dieser Sackgasse herauszukommen, stellte sie sich für die gerade beschriebene Übung zur Verfügung. Sie unterhielt sich dabei mehr als zwei Stunden lang mit diesem Professor und spielte dabei abwechslungsweise ihre Rolle als Studentin und die seine als Professor. Sie kam darauf, wie sehr sie auf ihn genau jene Fähigkeit zur Selbstdarstellung projiziert hatte, die sie bei sich selbst seit ihrer Kindheit verdrängt hatte. Am Schluss dieser Übung gelang es ihr schließlich, den Charakterzug, den sie ihrem künftigen Professor zugeschrieben hatte, in sich zu integrieren und sie fühlte sich besser für die Begegnung mit ihm gewappnet. Vom erzielten Ergebnis war sie erstaunt, ja hingerissen.

Nachdem sie sich dann mehrere Vorlesungen dieses angeblich arroganten Professors angehört hatte, gelang es Chantal nicht nur, sich nicht von seiner Persönlichkeit erdrücken zu lassen, sondern zu ihm einen guten Draht zu finden.

Zweite Strategie: seinen Schatten personalisieren und sich ihn zum Freund machen

Eine weitere Art, seinen Schatten bei sich zu reintegrieren, besteht darin, ihn zu personalisieren. Zur Veranschaulichung möchte ich Ihnen eine persönliche Anekdote erzählen, an deren Schluss ich so weit war, dass ich den „Ignoranten in mir" akzeptieren und sich äußern lassen konnte.

Zu Anfang eines akademischen Jahres lernte ich Agnes kennen, eine hübsche Studentin, die mir sagte, sie sei voller Freude und Neugier auf meine Vorlesungen. Sie fügte hinzu, dass sie mich für einen bedeutenden Denker halte, alle meine Bücher gelesen und sich meine Vorträge angehört habe.

In der Vorlesung war sie ungemein aufmerksam und stellte mir alle möglichen Fragen. So bot sie mir die Gelegenheit, mein gesamtes Wissen auszubreiten. Doch nach einiger Zeit gingen mir ihre zahlreichen Wortmeldungen, die oft nicht genau zum Thema passten, ziemlich auf die Nerven. Eines Tages ließ ich mich deshalb dazu hinreißen, eine ihre Fragen lächerlich zu machen, was ihr sehr missfiel.

Von da an veränderte sich die Einstellung von Agnes mit einem Schlag. Sie begann mir ganz schwierige Fragen zu stellen, die umso irritierender waren, als sie oft mit dem behandelten Lernstoff überhaupt nichts zu tun hatten. Sie musste sich nur zu rühren beginnen und noch gar nicht ihre Frage stellen, dass ich aufmerkte und spürte, wie sich in mir eine Gereiztheit regte. Schließlich fing ich an, über ihre Fragen abfällige Bemerkungen zu machen. Nach einiger Zeit befanden wir uns im häufigen Schlagabtausch, der völlig unnütz war und unserem Gleichgewicht und auch dem guten Verlauf der Vorlesungen schadete.

Da mich diese Situation, die auch in der Klasse zu einem schlechten Klima führte, immer mehr belastete, vertraue ich mich schließlich einem Kollegen an, der Psychologe war. Der stellte mir hierauf eine Frage, die mich erst recht auf die Palme brachte. Er sagte: „Diese Studentin scheint dich zu bedrohen. An welchen wunden Punkt in dir rührt sie, dass du so verwirrt und aggressiv wirst?" Ich entgegnete ihm spontan: „Aber sie kann mir ja gar nichts anhaben. Sie ist einfach eine Ignorantin!" Doch als ich über diese Frage und die Heftigkeit meiner Reaktion weiter nachdachte, kam mir zu Bewusstsein, dass Agnes den „Allwissenden in mir" bedrohte, der vorgab, sich auf seinem Gebiet restlos auszukennen und auf alles eine Antwort zu wissen.

So meditierte ich mehr als eine Woche lang über den „Ignoranten in mir"; ich redete mit ihm; ich fragte ihn, wie ich ihm mehr Platz in meinem Leben einräumen könnte.

Hierauf betrat ich schließlich eines Tages die Klasse und war mir dabei sehr lebhaft des „Ignoranten in mir" bewusst. Und als mir Agnes wieder eine harte Nuss zu knacken gab, ließ ich diesen verdrängten Teil meiner Persönlichkeit ans Licht kommen. Statt die Frage selbst zu beantworten, fragte ich, ob jemand in der Klasse darauf eine Antwort wisse. Bei einer weiteren Wortmeldung von Agnes ließ mich der „Ignorant in mir" zu ihr sagen: „Agnes, wenn man eine bestimmte Frage stellt, kommt es vor, dass man schon länger darüber nachgedacht und bereits Ansätze zu einer Antwort gefunden hat. Wissen Sie einen solchen Ansatz zur Beantwortung Ihrer Frage?" Sie nannte ihn unverzüglich und ich beglückwünschte sie dazu.

Nach diesen beiden Auftritten dieses Aspektes meines Schattens stellte mir diese Studentin nie mehr ähnliche Fangfragen. Das Klima der Gereiztheit zwischen uns hatte sich aufgelöst.

Der entscheidende Faktor für die Lösung hatte darin bestanden, dass ich den Widerstand dagegen überwunden hatte, den „Ignoranten in mir" anzuerkennen, ihn genau auszumachen und ihm dann die Initiative in meinen Auseinandersetzungen mit Agnes zu überlassen. Aus dieser Erfahrung sind wir beide bereichert hervorgegangen. Ich hatte den „Ignoranten in mir" zurückgenommen, den ich auf sie projiziert hatte; sie hatte die „Intelligente in sich" erkannt, die sie ganz zu Anfang der Vorlesungen auf mich projiziert hatte.

Dritte Strategie:
in sich das verletzte Kind wiederfinden

John Bradshaw behandelt in seinem Buch *Das Kind in uns*[27] den Schatten, der sich während der Kindheit oder Adoleszenz bildet, ohne ihn als solchen zu bezeichnen. In Folge einer Verletzung, die man sich damals zuzog, hat man ein ganzes Stück seiner selbst ins Vergessen seines Unbewussten verlagert. Der Autor erläutert, dass jede schlecht behandelte psychische Wunde, vor allem wenn sie einem in der Jugend zugefügt worden ist, so wirkt, dass sie die dunkle Seite der Persönlichkeit nährt. Sobald man aus Angst vor der negativen Reaktion eines Erziehers ein Gefühl, einen Charakterzug, ein Talent oder eine Denkungsart verdrängt, läuft man Gefahr, damit zugleich sein psychisches Potenzial zu lähmen, womit man sich für den Rest seines Lebens ein Stück weit behindert.

Zunächst einmal ist es notwendig, in sich den verletzten Teil seines inneren Kindes genau auszumachen, den man für immer zu verstecken und zu vergessen versucht hat. Hat man

---

[27] J. Bradshaw, *Das Kind in uns. Wie finde ich zu mir selbst*, München 1992.

dann in sich dieses verletzt gebliebene Kind entdeckt, so muss man es mit viel Mitempfinden „adoptieren" und sich so um es kümmern, als handle es sich um eine Art Waisenkind. Im Grunde besteht fast jede Form der Therapie im Wesentlichen darin, eine Art fürsorgliche Elternrolle für sich selbst zu übernehmen.

In der folgenden Geschichte wird das Drama einer Mutter geschildert, die das Verhalten und die Allüren ihrer Tochter nicht mehr ertragen konnte. Sie bat mich in einem Brief verzweifelt, ihr doch einen „Kniff" zu verraten, mit dem sie diese Heranwachsende zum Guten beeinflussen könnte. Sie fand sie eitel, egozentrisch und ganz auf sich selbst fixiert. Sodann vertraute sie mir an: „Ich empfinde eine derartige Abneigung gegen sie, dass ich mich in ihrer Gegenwart kaum richtig beherrschen kann. Meine Tochter tut alles nur Erdenkliche, um pausenlos und unter allen Umständen die Aufmerksamkeit auf sich zu ziehen."

Weiter unten im Brief gestand mir diese Mutter etwas sehr Aufschlussreiches: „Das Verhalten meiner Tochter lässt mich an mich selbst denken und scheint mir zu sagen: ‚Du warst in diesem Alter wie sie; du wolltest immer im Mittelpunkt der Aufmerksamkeit stehen; deine Manöver haben dir alles andere als Erfolg gebracht, sondern nur eine Menge Kummer.' Ich erkenne mich derart in ihr wieder, dass ich mich gezwungen sehe, mich gegen sie abzugrenzen. Kurz, ich habe den Eindruck, dass ich mich selbst ablehne, wenn ich sie ablehne." Weiter sagte sie mir in ihrem Brief, sie sei ganz verzweifelt, dass sie ihre Tochter nicht lieben könne. Und schließlich gestand sie, sich schuldig zu fühlen, „weil ich eine so schlechte Mutter bin" und weil sie unfähig sei, ihr ihre Extravaganzen zu verzeihen.

Dieser Brief ging mir sehr nahe, denn er brachte die Angst Tausender von Eltern zum Ausdruck, die im Griff eines negativen Bildes ihres Schattens sind, das sie auf eines ihrer Kinder projizieren. Diese Frau hatte es trotz ihrer Großzügigkeit nötig, mit sich selbst Frieden zu schließen, um eine „gute Mutter" werden zu können. Dazu musste sie sich mit sich selbst als Heranwachsender versöhnen, die nach Bewundert-

und Geliebtwerden gesucht hatte und darin bitter enttäuscht worden war.

Merken wir beiläufig an, dass es praktisch unmöglich ist, jemandem zu verzeihen, der die negativen Aspekte des eigenen Wesens widerspiegelt. Mit seinen eigenen ungeliebten Seiten, die man auf den zu projizieren geneigt ist, der einen verletzt, muss man zunächst einmal in sich selbst Frieden schließen. Das erklärt, weshalb mir viele Leser selbst nach der Lektüre meines Buches *Comment pardonner?*[28] schreiben, sie täten sich mit dem Verzeihen sehr schwer. Meine Antwort lautet, dass man diesen Schritt erst machen kann, wenn man sich zunächst mit dem „inneren Feind" ausgesöhnt hat, den man auf den anderen projiziert hatte.

Vierte Strategie:
sich mit seinen Projektionen identifizieren

Im Sammelwerk *Meeting the Shadow*[29] schlägt Ken Wilber eine radikale und zugleich paradoxe Strategie zur Integration des eigenen Schattens vor. Wenn wir zum Beispiel ohne objektiven Grund glauben, wir seien die Zielscheibe von Angriffen von außen, dann sollten wir die Richtung unserer Projektion einfach umkehren. Das würde es uns ermöglichen, wahrzuhaben, dass die feindseligen Gefühle oder Haltungen aus uns selbst und nicht von anderen stammen. Mit anderen Worten: Wir sollten uns bei unseren Projektionen dessen bewusst werden, dass wir nicht das Ziel von Angriffen oder Herabsetzungen sind, die von außen her kommen, sondern dass wir selbst es sind, die unbewusst darauf aus sind, andere anzugreifen und zu erniedrigen. Die folgenden Beispielfälle von Projektionen können uns dabei helfen, diese Art geistiger Pirouette zu Stande zu bringen.

Der zu lasche Ehemann, der versucht ist, seiner Frau den Vorwurf zu machen: „Sie benimmt sich mir gegenüber feind-

---

[28] J. Monbourquette, *Comment pardonner? Pardonner pour guérir, guérir pour pardonner*, Ottawa/Paris 1992.

[29] Zweig a. a. O. 275–276.

selig", sollte sich lieber sagen: „Ich hege latent feindselige Gefühle gegen meine Frau und ich tue alles, um sie in Rage zu versetzen."

Die Frau vom Typ „Mannweib" sollte sich nicht über die „sensiblen Frauchen" in ihrer Umgebung mokieren, sondern sich eingestehen: „Ich scheue mich, mein eigenes Frausein zu zeigen, das ich immer unterdrückt habe."

Der zölibatäre Priester sollte sich nicht als Opfer der Verführung von Frauen in seinem Umfeld fühlen, sondern vielmehr zugeben: „Ich möchte diese Frauen eigentlich ganz gern verführen, aber das verbietet mir mein offizieller Stand als Zölibatär."

Der zu höfliche Professor sollte nicht dauernd gereizt auf die Vulgarität eines Kollegen reagieren, sondern lieber seine eigene Angst eingestehen und sich sagen: „Ich fürchte mich vor meinem eigenen Hang zum Vulgären, denn wenn ich ihm nachgeben würde, wäre das für meine Umgebung ein Skandal und sie würde mich ablehnen."

Der zwanghafte Arbeiter sollte nicht diejenigen kritisieren, die in seinen Augen nicht ernsthaft arbeiten, sondern sich lieber eingestehen: „Im Grunde möchte auch ich über die Fähigkeit zur Muße verfügen, aber ich fürchte mich ungemein davor, als Faulenzer angesehen zu werden."

Ich kannte eine Ordensfrau, die ihre Mitschwestern beschuldigte, ihr Konkurrenz zu machen und sie verdrängen zu wollen. Doch im Lauf der Therapiesitzungen wurde sie sich ihrer uneingestandenen Neigung zum Konkurrenzdenken und ihres Wunsches, stärker als die anderen zu sein, bewusst.

Nach der Überzeugung Ken Wilbers erlaubt es der Umstand, dass man sich als verantwortlich für die Antriebe seines Schattens erkennt, diese in Besitz zu nehmen, statt sich von ihnen besitzen zu lassen. Als Hilfe zum Gelingen dieser „Neugewichtung" der Psyche empfiehlt er zwei Spielregeln. Die erste besteht darin, seinen Schatten zu „spielen", das heißt sich so vollständig wie möglich mit ihm zu identifizieren. Wenn man zum Beispiel vom Gedanken umgetrieben wird: „Die ganze Welt lehnt mich ab", sollte man das umwandeln in: „Ich lehne die ganze Welt ab."

Seine zweite Empfehlung für den, der seinen Schatten „gespielt" hat, besteht darin, *nicht seinen Gefühlen oder inneren Stimmen Folge zu leisten, die ihn dazu antreiben, etwas Böses zu tun*. Das wäre der Fall bei dem, der die Schubkraft umgekehrt und gesagt hätte: „Ich lehne die ganze Welt ab" und sich dann anschicken würde, sich in Gefühle der Ablehnung der Welt hineinzusteigern oder gewalttätig zu werden.

Manche allerdings sind gegen diese Praxis der Umkehrung der Projektionen äußerst skeptisch. Sie befürchten, wenn man die Emotionen seines Schattens stark zulasse, könnten sich manche ihnen ausliefern und antisoziale oder destruktive Verhaltensweisen annehmen. Auf den ersten Blick scheint das ein ernsthafter Einwand zu sein. Jedoch verliert er an Gewicht, wenn man nicht die wichtige Unterscheidung zwischen „empfinden" *(sentir)* und „zustimmen" *(consentir)* aus dem Auge verliert.

Fünfte Strategie: In sich das Vorhandensein von zwei entgegengesetzten Eigenschaften erkennen

Diese Strategie wurde von dem bekannten amerikanischen Schlaftherapeuten Steve Gilligan entwickelt. Bei ihr geht es darum, dem Betreffenden zu helfen, in sich zwei Eigenschaften zu erkennen und zu akzeptieren, die scheinbar in völligem Widerspruch zueinander stehen, in Wirklichkeit jedoch komplementär sind. Für diese Übung braucht man drei Teilnehmer: den Therapeuten A, den Therapeuten B und den Klienten.

Der Therapeut A fordert den Klienten auf, sich auf sich selbst zu konzentrieren. Er stellt ihm die folgende Frage: „Wer bist du?" Der Klient beantwortet sie, indem er eine seiner Eigenschaften nennt, etwa: „Ich bin ein großzügiger Mensch." Hierauf bestätigt ihm der Therapeut A mit großer Empathie das Gehörte: „Ich stelle fest, du bist ein großzügiger Mensch", worauf er für einen Augenblick schweigt.

Der Therapeut B lenkt die Aufmerksamkeit des Klienten auf die Tatsache, dass er auch die gegenteilige Eigenschaft besitzt: „Ich stelle fest, dass du auch jemand bist, der sich gut um sich selbst zu kümmern versteht." Auch er schweigt hierauf einen Augenblick, damit der Klient sich die genannte Eigenschaft verinnerlichen kann.

Nach diesem kurzen Schweigen sagen beide Therapeuten vereint mit fester Stimme: „Das ist ja hochinteressant, dass du in dir selbst das Vorhandensein dieser beiden Eigenschaften zugleich erfahren kannst." Wieder schweigen sie danach etwas und überlassen es dem Selbst des Klienten, ihre letzte Aussage zu integrieren.

Sechste Strategie: die gegensätzlich aussehenden Elemente von Ich-Ideal *(persona)* und Schatten zur Harmonie bringen

Die von Ken Wilber vorgeschlagene Vorgehensweise, die Richtung der Projektion genau umzudrehen, wird von etlichen angesehenen Therapeuten regelmäßig angewandt.[30] Diese Techniken führen meiner Ansicht nach vor allem im Fall einer heftigen Attacke des Schattens zu hervorragenden Ergebnissen. Dagegen erweisen sie sich für eine Langzeit-Reintegration als weniger wirksam.

Für die Aufgabe, seinen Schatten „umarmen" zu lernen, habe ich selbst eine Strategie entwickelt, deren Etappen ich jetzt schildern will.

a) Beschreiben Sie eine Ihnen ganz unsympathische Person. Beschreiben Sie ganz genau die negative Eigenschaft oder Verhaltensweise, die Ihnen Angst macht, Ihnen auf die Nerven geht oder Sie abstößt.

b) Versuchen Sie sorgfältig zu entdecken, was an dieser negativen Eigenschaft oder Verhaltensweise durchaus auch positiv sein kann. Mit anderen Worten, finden Sie die in der

---

[30] Für den Fachmann ist diese Strategie unter anderem zu erkennen bei Fritz Perls und seinem „Spiel mit dem Gegenpol auf dem leeren Stuhl", Milton Erickson und seiner „Verwendung des Widerstands", Paul Watzlawick und dem „Verschreiben des Symptoms" sowie Viktor Frankl und der „Praxis der paradoxen Intention".

Schlacke „verborgene Perle“ heraus. Hier noch einige Ausführungen zur Veranschaulichung dieses Schrittes.

Wenn man bei jemandem eine Verhaltensweise als „heuchlerisch“ einschätzt, könnten die darin enthaltenen positiven Aspekte die Diskretion oder die Diplomatie sein.

Im Zug von jemandem, immer dominieren zu wollen, könnte man bei längerem Nachdenken vielleicht auch dessen Wunsch erkennen, Verantwortung zu übernehmen.

Ein anderes Mittel, den positiven Aspekt einer negativen Eigenschaft oder Verhaltensweise herauszufinden, besteht darin, sich die Frage zu stellen: „Was kann ich von diesem Menschen lernen?“ Wenn Sie ihn zum Beispiel wegen seiner Faulheit verachten, könnten Sie vielleicht von ihm lernen, auch selbst etwas „fauler“ zu werden, das heißt, sich mehr Zeit zur Erholung zu gönnen und sich anzugewöhnen, ein bisschen weniger zu tun oder kurze Pausen einzulegen, was durchaus zu besserem Arbeiten beitragen könnte.

c) Nachdem Sie die positive Eigenschaft oder Verhaltensweise der Ihnen unsympathischen Person, die in ihrem von Ihnen kritisierten Benehmen steckt, herausgefunden haben, sollten Sie sich fragen, ob nicht auch Sie als Gegengewicht zu einer Einseitigkeit Ihrer Eigenart etwas von dieser Eigenschaft oder Verhaltensweise brauchen. Zum Beispiel: Sie sind für Ihre ungemeine Selbstlosigkeit bekannt. Zugleich verachten Sie Albert, weil Sie ihn für einen Egoisten halten. Wenn Sie sich überlegen, welche positive Kehrseite der Egoismus hat, entdecken Sie zum Beispiel die Notwendigkeit, „öfter einmal auch an mich selbst zu denken“. Daraus lernen Sie also, dass Sie zum Ausgleich für Ihre zu große Selbstlosigkeit, die Sie langfristig auslaugt, etwas mehr Rücksicht auf sich selbst nehmen und es lernen sollten, zu gewissen Ansprüchen auch gelegentlich „Nein“ zu sagen.

Hier noch einige weitere Beispiele für Eigenschaften der *persona*, die im Gegensatz zu den erwünschten, jedoch im Schatten versenkten Eigenschaften stehen.

Im Schatten verborgene wünschenswerte Eigenschaft oder Verhaltensweise	Entsprechende Eigenschaft oder Verhaltensweise der *persona*
an sich selbst denken	selbstlos sein
Wut	Sanftmut
introvertiert	extrovertiert
zurückhaltend	lebhaft
offen	diskret
Stolz über seine Talente	Lernbereitschaft
für sachliche Kritik empfänglich	ermutigend
ergeben	selbstbewusst
usw.	usw.

Vergewissern Sie sich dabei, dass die jeweiligen Eigenschaften oder Verhaltensweisen von Schatten und *persona* tatsächlich Gegensatzpaare sind.

d) Haben Sie die im Schatten steckende wünschenswerte Eigenschaft oder Verhaltensweise herausgefunden (zum Beispiel das Bedürfnis, sich mehr Entspannung zu gönnen) sowie die der *persona* eigene entgegengesetzte Eigenschaft oder Verhaltensweise (zum Beispiel das zwanghafte dauernde Arbeiten), dann wenden Sie ein kleines Ritual an: Stellen Sie symbolisch mit beiden Händen die Paarbeziehung zwischen den entgegengesetzten Eigenschaften oder Verhaltensweisen und hierauf deren Vermählung miteinander dar.

Dieses Ritual vollzieht sich in folgenden Schritten:

1. Halten Sie beide Hände ungefähr dreißig Zentimeter auseinander.
2. Stellen Sie sich vor, dass Sie in Ihrer rechten Hand (bei Linkshändern in der linken) eine Eigenschaft oder Verhaltensweise halten, von der die *persona* weiß, dass sie sie besitzt; hierauf stellen Sie sich vor, dass Sie in der anderen Hand die Eigenschaft oder Verhaltensweise halten, die im Schatten vergraben liegt.
3. Sprechen Sie der Reihe nach mit jeder Ihrer beiden Hände. Anerkennen Sie die jeweilige Eigenschaft oder Verhaltens-

weise, nehmen Sie sie an und, falls es nötig ist, dass Sie sie gelten lassen, söhnen Sie sich mit ihr aus.

4. Konzentrieren Sie sich intensiv auf sich selbst und bitten Sie Ihr die Integration bewirkendes Selbst, diese beiden scheinbar gegensätzlichen Eigenschaften oder Verhaltensweisen harmonisch miteinander zu vereinen, damit es sich zeigt, dass sie einander ergänzen.
5. Führen Sie beide Hände langsam zusammen.
6. Achten Sie ganz aufmerksam auf das Zusammentreffen Ihrer Hände. Es symbolisiert die sich vollziehende Reintegration der beiden gegensätzlichen Eigenschaften oder Verhaltensweisen. Seien Sie sorgfältig darauf bedacht, den Verlauf dieses Prozesses nicht gewaltsam zu beschleunigen oder zu versuchen, ihn sich genau zu erklären; er muss sich unbewusst vollziehen.
7. Bitten Sie Ihr Selbst darum, in den kommenden Tagen, Wochen und Monaten weiterhin die Integration der beiden Eigenschaften oder Verhaltensweisen voranzutreiben und zu vollenden.
8. Verlassen Sie hierauf nach und nach Ihren Zustand der Konzentration und achten Sie genau auf die Geräusche, Farben und Gerüche Ihrer Umgebung.

Siebte Strategie: *persona* und Schatten mittels der im Berta-Test gefundenen Symbole miteinander zur Harmonie bringen

Die folgende Strategie zur Reintegration von *persona* und Schatten habe ich anhand der ersten Übung des Tests von Mario Berta mit dem Titel *Prospective symbolique en psychothérapie*[31] entwickelt.

Hier die Anleitungen zur Durchführung dieser Strategie:

a) Zunächst fordere ich die Teilnehmer auf, sich ganz entspannt auf sich selbst zu konzentrieren.

---

[31] M. Berta, *Prospective symbolique en psychothérapie. L'épreuve d'anticipation clinique et expérimentale*, Paris 1983.

b) Hierauf weise ich sie an, die Antwort auf meine folgende Frage ganz spontan aus ihrer Phantasie auftauchen zu lassen, die dann lautet: „Gesetzt den Fall, Sie wären in einer ganz anderen Welt und könnten sich eine völlig neue Identität wählen, was würden Sie dann gerne sein?" Die Teilnehmer haben dabei die Wahl, ein Gegenstand, eine Pflanze, ein Tier oder eine Phantasiegestalt (nicht jedoch ein ihnen bereits bekannter Mensch) zu werden.

c) Nach einigen Minuten der Konzentration bitte ich diejenigen, die das Symbol für ihre neue Identität gefunden haben, die Hand zu heben. Stelle ich fest, dass eine größere Anzahl von ihnen es noch nicht gefunden hat, lasse ich ihnen noch mehr Zeit. Sodann leite ich die Teilnehmer an, aus ihrer Konzentration herauszukommen.

d) Hierauf sucht sich jeder einen Partner und beschreibt ihm einige Minuten lang sein Symbol. Der Zuhörende hat das Recht, Fragen über die genauere Beschaffenheit des Symbols seines Partners zu stellen: Ist es groß? Ist es farbig? Bewegt es sich? Gibt es Geräusche von sich? Ist es in der Nähe oder in der Ferne? Von welchem Hintergrund hebt es sich ab? In welchem Zusammenhang steht es? usw. Ist diese Beschreibung beendet, stellt der andere Teilnehmer auf die gleiche Weise sein Symbol vor.

e) Am Ende dieser Übung fordere ich die Teilnehmer auf, sich wieder auf sich selbst zu konzentrieren und die folgende Frage zu beantworten: „Gesetzt den Fall, Sie wären in einer ganz anderen Welt und könnten sich eine völlig neue Identität wählen, was möchten Sie dann auf keinen Fall sein?" Sie sollen dabei einen Gegenstand, eine Pflanze, ein Tier oder eine Phantasiegestalt (nicht jedoch einen ihnen bekannten Menschen) wählen, die ihnen ganz unsympathisch sind und die zu sein sie entschieden ablehnen würden.

f) Haben sie ihr negatives Symbol gefunden, so sollen die Teilnehmer wieder aus ihrer Konzentration zurückkehren, sich wiederum ihrem Partner zuwenden und ihm dieses negative Symbol beschreiben. Auch der Partner beschreibt ihnen während ungefähr fünf Minuten das seinige.

g) Nach dieser Zeit des Austauschs fordere ich die Teilnehmer auf, jeder möge sich für sich in einen stillen Winkel des Raums zurückziehen.
h) Hierauf fordere ich sie auf, die Hände auf Brusthöhe in ungefähr dreißig Zentimeter Entfernung voneinander anzuheben. Sodann sollen sie zunächst intensiv ihre rechte Hand betrachten und sich dabei lebhaft ein, zwei Minuten lang vorstellen, dass sie darin ihr positives Symbol halten; dann sollen sie sich genauso auf ihre linke Hand konzentrieren und sich darin ihr negatives Symbol vorstellen.
i) Jetzt weise ich sie an, ihr Selbst darum zu bitten, beim Prozess der Integration dieser beiden Symbole mitzuwirken. Denken und Vernunft sollen aus dieser Arbeit ausgeschlossen sein.
j) Dann bitte ich sie, ganz spontan und natürlich ihre beiden Hände sich aufeinander zu bewegen zu lassen. Dabei sollen sie besonders darauf achten, ob nicht überraschenderweise ein drittes Symbol auftaucht, das das Selbst aus den beiden anderen erschafft.
Falls manche das Gefühl haben, dass ihre Hände sich der Annäherung aneinander widersetzen, weise ich sie an, sie sollten versuchen, das zu entdecken, was zwischen ihren Händen liegt und deren Annäherung blockiert und es wegzunehmen, um die Übung fortsetzen zu können.
k) Haben alle die Integration von positivem und negativem Symbol vollzogen, so empfehle ich ihnen, das, was sie dabei entdeckt haben, in der Gruppe oder ihrem Partner zu berichten. Manche fertigen auch ganz gern ein Bild ihres dritten Symbols an, um es als Erinnerung an die Integration, die sich vollzogen hat, mitzunehmen.

Bei dieser Art von Seminaren bin ich immer erstaunt, wie oft sich die symbolische Synthese in Gestalt eines sakralen Symbols äußert.

Ich möchte hier für alle Berater und Animateure einen Hinweis zur Vorsicht bezüglich der beiden zuletzt beschriebenen Strategien anfügen. Wenn es einem Teilnehmer nicht gelingt, diese Übung der Reintegration nachzuvollziehen, sollte man ihn dazu nicht zwingen. Es kann sein, dass sein Unbewusstes für einen solchen Prozess einfach noch nicht bereit ist. Oder es kann sein, dass das negative Symbol zu übermächtig ist und daher lähmend wirkt. Im letzteren Fall sollte man sich darum bemühen, die Wirkung des negativen Symbols abzuschwächen. Das kann man zum Beispiel dadurch tun, dass man seine Ausmaße verringert. So riet ich einer Frau, die sich außer Stande sah, ihr negatives Symbol zu integrieren, nämlich eine riesige Boa, diese Schlange in ihrer Imagination auf eine erträgliche Größe zu verkleinern. Dank dieser Maßnahme gelang es ihr, die Übung weiter durchzuführen.

Achte Strategie: Mandalas zeichnen

Das Mandala ist eine symbolische Gestalt mit der Grundform eines Kreises und seines Mittelpunkts. Man findet sie überall im Universum, von der Zelle über die Pflanzen bis zu den Astralnebeln. Dabei ordnet sich um den Mittelpunkt ein Gesamt an Formen an, die verschiedene Elemente darstellen. Die Gestalt des Mandala bringt zugleich die Einheit und die Vielfalt zum Ausdruck (siehe das Schema S. 74).

Man hat diese Art Gestalt schon oft mit einem Auge verglichen, das ins Innere der Psyche blicke. Sie findet sich in verschiedenen Religionen, vor allem wegen ihrer einigenden Wirkung auf den Menschen. Tatsächlich richtet sie alle verstreuten und sogar gegensätzlichen Elemente kreisförmig um sich an und richtet sie auf die Mitte hin aus. In ihrem Umkreis fügen sich auch der bewusste Teil, das Ich, und der unbewusste, der Schatten, ein.

Wenn man über einem Mandala meditiert oder es zeichnet, bewirkt das indirekt die Neuordnung der disparaten Einzelteile des eigenen psychischen Materials um das Selbst als Mitte. Aus diesem Grund tragen derartige Praktiken dazu bei, dass der Betreffende innerlich stärker zur Einheit findet und so die Spannungen abbaut, die sich aus der Zerstückelung seiner Wesensbestandteile ergeben haben. Der Mensch als Ganzer spürt dann, dass sich in ihm ein Heilungsprozess vollzieht und er findet wieder zu seiner inneren Einheit zurück.

Allen, die diese Spur weiter verfolgen wollen, empfehle ich das Handbuch *Mandalas der Welt. Ein Meditations- und Malbuch*.[32]

---

[32] R. Dahlke, *Mandalas der Welt. Ein Meditations- und Malbuch*, München 1989.

Achtes Kapitel

Reintegration des Schattens und spirituelle Entwicklung

Ich muss mich selbst in aller Demut annehmen
und lieben, und zwar voll und ganz,
ohne Einschränkung: Schatten und Lichter,
Angenehmes und Bitteres, Lachen und Weinen,
Erniedrigendes und Rühmenswertes;
muss auch zu meiner gesamten Vergangenheit stehen,
zu allem, was ich mir darin nicht eingestehen,
was ich nicht zugeben möchte …

JACQUES LECLERCQ

Die Geschichte von der Quelle lebendigen Wassers

Das lebendige Wasser verdross es, immer nur unterirdisch zu fließen. So beschloss es eines Tages, als klare, üppige Quelle an der Erdoberfläche zu sprudeln. Alsbald strömten die Menschen von allen Seiten herbei, um dieses so lebendige, reine, durststillende und heilsame Wasser zu trinken. Doch leider kaufte eines Tages eine profitsüchtige Firma das Gelände auf, auf dem sie entsprang, zäunte es ein, sperrte es hermetisch ab und verlangte von allen, die weiterhin daraus trinken wollten, hohe Gebühren. Nach und nach blieb nur noch eine kleine Gruppe reicher Menschen übrig, die es sich noch leisten konnten, an dieser köstlichen Quelle ihren Durst zu stillen. Die Quelle wurde darüber so verärgert, dass sie beschloss, künftig an einer anderen Stelle aufzusprudeln.

Doch ein Rinnsal floss weiter aus der alten Stelle, und die Firma verkaufte weiterhin dieses Wasser, das seine heilende, belebende Kraft ganz verloren hatte. Aber nur wenige Menschen merkten den Unterschied. Einige jedoch waren mit dem faden Wasser, das man ihnen da verkaufte, unzufrieden und machten sich auf die Suche nach der Stelle, an der die Quelle lebendigen Wassers jetzt zu sprudeln beschlossen hatte. Zum Glück wurden sie fündig.

Doch es dauerte nicht lange, da kaufte wieder jemand das Gelände, auf dem diese Quelle entsprang. Es wurden Leitungen gelegt, der Verbrauch wurde wieder streng reglementiert. Und die Quelle beschloss, wiederum unter die Erde zu gehen und anderswo aufzutauchen.

Wissen Sie, wohin sie sich jetzt verlegt hat?

1. Der moralische Umgang mit dem Schatten

Der Schatten ist nicht gleichbedeutend mit dem Schlechten

Den Schatten der Person darf man nicht mit dem Schlechten verwechseln. Der Unterschied zwischen beiden ist der folgende: Seinen Schatten hat man gebildet, indem man ein Gesamt aus Empfindungen, Eigenschaften, Talenten und Einstellungen, von denen man glaubte, sie seien in der eigenen Umgebung nicht akzeptabel, verdrängt hat. Das Schlechte dagegen wird als Mangel eines eigentlich notwendigen Guten definiert, lateinisch als *„privatio boni debiti"*. Das Schlechte an sich existiert nicht; es ist genau genommen ein *Nicht-Sein*. Was existiert, ist ein Sein oder Handeln mit Mängeln, das heißt etwas, dem eine Vollkommenheit fehlt, die es eigentlich haben sollte. Das Schlechte wird von den Wirklichkeiten her benannt, die es betrifft. Es gibt so viel verschiedenes Schlechtes, wie es Wirklichkeiten gibt, von denen man es aussagen kann. In der Ästhetik etwa würde „schlecht" die Unvollkommenheit eines Kunstwerkes bedeuten; auf dem Gebiet der Gesundheit würde als „schlecht" eine Krankheit bezeichnet; in der Politik würde als „schlecht" ein sozialer Missstand gelten. Auf moralischem Gebiet wäre mit „schlecht" ein Handeln gemeint, das nicht seinem natürlichen Ziel entspräche, während aus theologischer Sicht die „Sünde" als das „Schlechte" den Bruch der Liebesbeziehung eines Menschen mit Gott bedeuten würde.

Bedauerlicherweise haben Jung und seine Schüler den Schatten allzu sehr mit Begriffen des Schlechten, als *„the evil part of the Self"*, bezeichnet. Sie neigten von daher dazu, ihn als substanzielles Übel zu charakterisieren, das heißt als etwas, das über eine eigene Existenz verfüge. Sicher macht der Schatten in Folge seines verborgenen, primitiven, unkultivierten Charakters Angst, weil er eine Bedrohung der sozialen und ethischen Regeln darstellt. Doch ist das noch lange kein Grund, ihn für etwas substanziell Schlechtes zu halten. Müsste man ihn als ein Übel betrachten, dann eher als ein strukturelles oder organisches.

Wäre der Schatten etwas moralisch Schlechtes, so müsste man ihn bekämpfen und nicht etwa wahrhaben und reintegrieren. Nun wissen wir aber nur zu gut, dass jeder, der sich in den Krieg gegen seinen Schatten aufzumachen anschickt, unvermeidlich unter seinen Einfluss gerät und dadurch genau die moralischen Fehler begeht, die er eigentlich vermeiden wollte.

Der jungsche Analytiker William Carl Eichman weist darauf hin, dass der Schatten zur Verfassung des Menschen gehört und darum die Aufgabe darin besteht, ihn zu bekehren statt auszumerzen:

Der persönliche Schatten ist eine Art Krankheit oder Verletzung, verursacht durch eine während der Kindheit erfolgte bedauerliche schlimme Programmierung, und folglich muss er als solche behandelt werden. Jeder von uns hat seine dunkle Seite; das gehört zu unserer Verfassung in dieser Welt und ist nicht an sich eine „Sünde". Das Ziel des Menschenwesens muss es sein, sich von dieser Krankheit zu heilen und dahin zu gelangen, dass der verletzte Teil wieder normal funktionieren kann.[33]

---

[33] Zweig, a. a. O. 136.

Eine bestimmte Neigung kann nicht an sich als Fehler betrachtet werden. Dagegen können die Handlungen, zu denen man sich aus ihr heraus in Freiheit einlässt, als „schlecht" eingeschätzt werden. Ignoriert man seinen Schatten und überlässt ihn ganz sich selbst, so wird er gefährlich, denn in seinem Zustand der Isolierung und Abtrennung vom Selbst kann er dazu ausarten, dass er „diabolisch" handelt (das griechische *dia balein* bedeutet „auseinander-" oder „durcheinanderwerfen"). Wird er dagegen wahrgenommen und integriert, so lässt er sich auf diese Integration ein, die das göttliche Selbst mittels einheitsstiftender Symbole bewirkt (*sym ballein* heißt „zusammenwerfen").

Die Antriebe seines Schattens wahrhaben heißt durchaus nicht, ihnen zu folgen

Manche, die es eigentlich besser wissen müssten, setzen den Schatten immer noch mit etwas moralisch Schlechtem gleich. So machte mir zum Beispiel ein Ethikprofessor heftige Vorwürfe, nachdem er sich Kassetten von einem meiner Seminare über die Arbeit mit dem Schatten angehört hatte. Unter anderem warf er mir vor, ich stachle die Teilnehmer des Seminars dazu an, ihren niedrigsten Neigungen zu folgen. Er hatte überhaupt nicht den Unterschied begriffen, den ich übrigens ganz deutlich gemacht hatte, zwischen einerseits dem Wahrhaben des Vorhandenseins und Annehmen der Antriebe seines Schattens und andererseits dem Faktum, seine Zustimmung dazu zu geben, dass sie „in die Tat umgesetzt" würden. Seine Entrüstung hätte sich sicher gelegt, wenn er sich auf die klassische Unterscheidung der Moralisten zwischen „sentire" und „consentire" („verspüren" und „zustimmen") besonnen hätte.

Für jemanden, der sich an das ernsthafte Arbeiten an seinem Schatten begibt, ist es wichtig, dass er das Erkennen und Annehmen eines Gefühls oder Antriebs als Bestandteil seiner selbst nicht verwechselt mit der Zustimmung, diesem zu folgen und es zur praktischen Tat schreiten zu lassen. Es ist nun einmal so, dass man nicht frei darüber entscheiden kann, welches Gefühl oder welchen Antrieb man verspürt; man sieht sich vielmehr hierbei vor ein physiologisch und psychisch bedingtes Faktum gestellt, das sich ungewollt aufdrängt. Wollte man sein Vorhandensein nicht wahrhaben und wäre man nicht zum verantwortlichen Umgang damit bereit, so würde man seiner geistigen Gesundheit schaden. Daher ist es notwendig, dass man dieses Gefühl oder diesen Antrieb zunächst einmal bewusst registriert, um sie sich anzueignen und zu ihnen zu stehen. Man muss also zum Beispiel sagen: „Diese sexuelle Regung oder diese Reizung zum Zorn gibt es in mir." Verweigert man diese Anerkenntnis, so hat das zunächst einmal zur Folge, dass man sie verdrängt. Im weiteren Verlauf wird sie zur Obsession, die der Betreffende schließlich auf andere projiziert. Erfahrene geistliche Begleiter kennen dieses Problem nur zu gut.

Das moralische Urteil im eigentlichen Sinn wird also erst möglich, wenn sich der betreffende Mensch der von seinem Schatten bewirkten Gefühle und Antriebe bewusst wird und sie als die seinen akzeptiert hat. Sind diese Bedingungen erfüllt, dann ist er in der Lage, frei über sie zu entscheiden. Für den Fall, dass er sich entscheidet, das Gefühl zum Ausdruck zu bringen, muss er sich zunächst fragen, auf welche angemessene Weise er das tun kann. So müsste er sich also zum Beispiel überlegen, wie er seine Wut jemandem gegenüber äußern könnte, ohne dabei bestimmte moralische Kriterien zu verletzen. Das heißt, er müsste nach einem fruchtbaren Weg suchen, wie er seine Botschaft überbringen kann, ohne damit sein Gegenüber vor den Kopf zu stoßen oder die Beziehung zu ihm abzubrechen.

2. Der Schatten und die Spiritualität

Bei unseren Darlegungen war von Anfang an auch schon immer wieder von der Spiritualität die Rede. Es sei hier nur an einige spirituelle Aspekte der Arbeit mit dem Schatten erinnert: Das Selbst wird als spirituelles Zentrum der Person gesehen; die Kenntnis und die Wertschätzung seiner selbst sind wesentliche Bedingungen für das spirituelle Reifen; die Arbeit an diesem Teil des eigenen Wesens ermöglicht schließlich eine ganzheitliche statt dualistische Sicht der Wirklichkeit; die fortschreitende Verwirklichung des Selbst, das man als *imago Dei* in sich begreift, steht im Gegensatz zu den Ansichten und Ambitionen des Ich.

In diesem letzten Kapitel wollen wir ausführlicher behandeln, wie wichtig aus spiritueller Sicht die Arbeit an seinem eigenen Schatten ist. Anschließend sollen die Punkte im spirituellen Leben beschrieben werden, an denen sich diese Arbeit als besonders notwendig erweist. Und schließlich soll noch der Unterschied zwischen dem Streben nach Vollkommenheit und nach Heiligkeit untersucht werden.

Die Notwendigkeit, dass spirituelle Menschen an ihrem Schatten arbeiten

Nicht wenige Professionelle auf dem Gebiet der Beratung in psychischen und spirituellen Fragen ließen es an Authentizität fehlen, weil sie nicht auf das Vorhandensein ihres Schattens und seiner Antriebe achteten. Aus dem gleichen Grund ließen sich manche zu groben Fehlern moralischer oder professioneller Art gegenüber ihren Klienten, Adepten oder Schülern hinreißen.

Der spirituelle Begleiter angesichts seines persönlichen Schattens

Viele spirituelle Meister sprechen, auch ohne den Begriff selbst zu gebrauchen, davon, dass während des spirituellen Reifeprozesses der Schatten ständig anwesend ist und seine Wirkungen zeitigt. Ein bekannter Jesuitenprediger zum Beispiel scheute sich nicht, vom „Gottlosen in mir" zu sprechen, den auch er bekehren müsse. Ein Krankenhausgeistlicher erzählte, seit er sich des „Heiden in sich selbst" bewusst geworden sei, könne er ganz anders mit den nicht Praktizierenden oder Atheisten unter seinen Kranken umgehen.

Jeder, der sich spirituell als Führer betätigt, sieht sich eines Tages vor die Notwendigkeit gestellt, sich mit seinem Schatten auseinander zu setzen und mit ihm zu vereinbaren, ihm dabei zu helfen, diejenigen, die er führt, voranzubringen und ihnen das Weiterreifen zu ermöglichen. Tatsächlich schreitet niemand auf den Wegen der Spiritualität so voran, als handle es sich bei ihnen um gut beleuchtete, übersichtlich markierte Straßen. Die spirituellen Meister haben sich alle mit ihren eigenen Finsternissen herumschlagen müssen. Denken wir etwa an Jesus in der Wüste oder auch an Buddha, Mohammed und alle großen Heiligen, die ungeheuren Anfechtungen ausgesetzt waren. Diese nahmen die Gestalt von „Dämonen", des „Bösen", „Satans", des „Fürsten dieser Welt" usw. an.

Auch der Mensch, der einfach meditiert oder betet, entkommt dem nicht. Sehr bald stößt er in sich selbst auf dunkle Zonen, die er vielleicht als „seine Zerstreuungen" und all das, was sein Denken dauernd in Beschlag nimmt, bezeichnet, oder auch als seine „spirituellen Nächte". So gut wie alle Mystiker haben bestätigt, dass sie die Tiefen und Täuschungen ihres schwarzen Schattens erfahren haben: als Stolz, Machtlust, Eifersucht, Neid, Rachebedürfnis, Besitzstreben, sexuelle Versuchungen usw. Selbst der eifrigste Apostel wird, wenn er sich seines Schattens nicht bewusst wird, diesen eines Tages auf seine Schützlinge werfen, was sein apostolisches Wirken pervertieren oder neutralisieren wird.

Viele „spirituelle Führer" oder Gurus, die die Auswirkungen ihres Schattens ignoriert hatten, endeten schließlich damit, dass sie die Menschen ausbeuteten, denen sie anfangs angeblich helfen wollten. Unter dem Vorwand, eine spirituelle Beziehung zu ihnen zu unterhalten, etablierten sie sich schließlich mehr oder weniger bewusst in der Rolle eines eifersüchtigen Herrschers über ihre „Schüler" und nützten sie dazu aus, ihre eigenen affektiven oder sogar sexuellen Bedürfnisse zu befriedigen.

Diese Gefahr ist umso größer, als viele Aspiranten für das spirituelle Leben so naiv sind, ihr eigenes kritisches Urteil in spirituellen Dingen abzulegen, um sich kritiklos in die Hände ihres Gurus zu geben mit den gerade genannten verhängnisvollen Folgen. Zu diesem Thema braucht man nur an die verschiedenen Skandale zu denken, in die Ordensleute,

Geistliche verschiedener Konfessionen oder Sektengründer schon verwickelt waren.

In einem Artikel über die Gründung buddhistischer Sekten in Kalifornien schildert Katy Butler das unheilvolle Wirken bestimmter Gurus, die ihren Schatten verkannten.[34] Sie beschreibt insbesondere den moralischen und spirituellen Verfall der großen spirituellen Meister des Buddhismus, die in die USA einwanderten. Diese glaubten sich infolge ihrer Aura der Heiligkeit alle nur erdenklichen moralischen und doktrinären Abirrungen leisten zu können. Viele von ihnen fielen praktisch den Versuchungen der abendländischen Welt zum Opfer und nutzten ihr Ansehen zur Rechtfertigung ihrer eigenen Begehrlichkeiten aus: Sie verfielen dem Alkoholismus, verstrickten sich mit ihren Schülerinnen in sexuelle Beziehungen, führten einen extravaganten Lebensstil, wurden von einer krankhaften Herrschsucht erfasst usw. Dabei zerstörten sie nicht nur sich selbst, sondern fügten auch ihren Schülern gewaltiges Leid zu.

Die anderen Helfer

Das gerade Gesagte trifft genauso auf alle anderen Helfer zu, seien es Psychologen, Ärzte, Sozialarbeiter, Gewerkschaftsführer usw. Die Schwäche, die sie ständig bedroht, besteht darin, ihre eigenen psychischen und spirituellen Defizite auf ihre Klienten zu projizieren. Die entsprechenden Folgen lassen sich leicht voraussagen: Diese Helfer werden unfähig, an die eigenen psychischen und spirituellen Quellen ihrer Klienten zu glauben und verlieren die respektvolle Distanz vor deren eigenem Weg. Sie neigen dazu, sie zu infantilisieren, ihre Abhängigkeit auszunützen und sie womöglich sogar zur Erfüllung ihrer eigenen sexuellen Bedürfnisse, ihrer Besitzgier, ihres Ehrgeizes usw. zu missbrauchen.[35]

---

[34] „Encountering the Shadow in Buddhist America" in Zweig a.a.O. 137–147.

[35] Wer sich in diese Thematik gründlicher vertiefen will, kann mit Gewinn das Buch des Priesters und jungschen Psychoanalytikers Adolf Guggenbühl-Craig, *Macht als Gefahr beim Helfer*, München [4]1983 lesen.

Die Begleitung eines Menschen bei der Reintegration seines Schattens

Es ist für jeden Ausbilder von Gewinn, wenn er sich eine gute Kenntnis des Schattens und seiner Auswirkungen auf die Entfaltung des spirituellen Lebens aneignet. Zunächst einmal ermöglicht es ihm diese Kenntnis, besser die Regungen des Heiligen Geistes von denjenigen des Schattens zu unterscheiden. Außerdem versetzt es ihn in den Stand, seinen Schüler dazu anzuleiten, seine eigenen ungenutzten Reichtümer zu reintegrieren.

Das Bemühen um die Reintegration des eigenen Schattens ist ein wesentlicher Bestandteil der mit dem spirituellen Leben verbundenen Askese. Mit dem Wort „Askese" ist hier nicht das Gleiche wie Verzicht und Einschränkung gemeint. Man tut diesem Begriff ohnehin Unrecht, wenn man ihn nur im eingeengten Sinn der Repression in Form von Buße oder „Abtötung" versteht. Sein ursprünglicher griechischer Wortsinn ist viel weiter und bezeichnet das „Üben", „Trainieren" und die systematische „Praxis".

So verstanden, besteht die Askese darin, seinen Schatten zu integrieren statt zu verdrängen. Allzu häufig kommt es vor, dass spirituelle Führer ihren Schülern ans Herz legen, bestimmte schlechte Gewohnheiten abzulegen, ohne ihnen eine gesunde und intelligente Weise, wie sie das tun könnten, aufzuzeigen. Derartige kurzsichtige Anweisungen verschärfen nur die Obsessionen und zwanghaften Antriebe und sperren den Schüler in einen Teufelskreis ein: Fehler – Bekenntnis – fester Vorsatz und immer wieder, endlos wiederholt: Fehler – Bekenntnis – fester Vorsatz …

Mir fallen da die Beispiele von zwei Menschen ein, mit deren zwanghaften Verhaltensweisen ihre geistlichen Begleiter nicht umzugehen vermochten. Das erste war ein Mann, der trotz seiner scheinbaren Sanftheit seinen nächsten Angehörigen immer wieder Szenen unbeherrschter Wutausbrüche zumutete. Dieser Mensch suchte fünfzehn Jahre lang fast jeden Monat seinen spirituellen Führer auf, um sich von diesem bei der Meisterung seiner plötzlichen Wutausbrüche helfen zu lassen. Dieser ermahnte ihn immer wieder, diese Anfälle zu unterdrücken; wenn sie weiterhin vorkämen, sollte er sie wieder beichten und darum beten, von ihnen geheilt zu werden.

Beim zweiten Beispiel handelt es sich um einen fünfundvierzigjährigen Priester, der nicht fähig war, seine ausgeprägte Neigung zur Ephebophilie (sexuellen Faszination durch junge Burschen) in den Griff zu bekommen. Zur Stillung seiner Leidenschaft ließ er sich auf für seine physische und moralische Gesundheit wie auch für seinen guten Ruf gefährliche Situationen ein. Bei unserem ersten Gespräch äußerte er sich ganz verzweifelt, diesen Fehler werde er nie überwinden. Er bat mich zudem inständig, ihm weitere sexuelle Ausschweifungen streng zu verbieten. Ich fragte mich natürlich, wie viele spirituelle Führer oder Beichtväter ihm genau das schon geliefert hatten, weshalb ich entgegnete, ich legte keinen Wert darauf, jetzt der Elfte oder Zwölfte zu sein. Wenn er jedoch bereit sei, seine sexuelle Triebhaftigkeit genauer unter die Lupe zu nehmen, zu ihr zu stehen und zu versuchen, sie umzuwandeln, sei ich bereit, ihm zu helfen.

Ein wichtiger Grundsatz der Psychotherapie gilt genauso für jede spirituelle Begleitung: Man kann in sich nur das ändern, was man zunächst voll und ganz angenommen hat. Dieser Grundsatz gilt auch für das Annehmen und die Reintegration des eigenen Schattens. Die beiden Männer, deren Situation ich gerade beschrieben habe, konnten erst von da an bei der Meisterung ihrer zwanghaften Triebe Fortschritte machen, als sie sich dazu durchrangen, sie unverblümt anzuschauen, anzunehmen und zu zähmen.

Die Begegnung mit dem Schatten an zwei entscheidenden Punkten des spirituellen Lebens

Wie wir bereits kurz im ersten Kapitel dieses Buches gesehen haben, gibt es im spirituellen Leben zwei Phasen, während derer es ganz besonders wichtig wird, genau auf die Reintegration seines Schattens zu achten: die Jugend und die Lebensmitte. Diese beiden Phasen, die man als „initiatische Phasen" bezeichnen könnte, markieren den Anfang von größeren Übergängen, bei denen Veränderungen der eigenen Identität und das Knüpfen neuer sozialer Beziehungen unerlässlich sind. Die Jugendlichen müssen sich endgültig von ihrer Kindheit verabschieden und sich an die Erfüllung der Aufgabe machen, ihren Platz in der Gesellschaft zu finden. Die Menschen in der Lebensmitte sind aufgerufen, eine erste Bilanz ihres Lebens zu ziehen, dessen Ende sich bereits am Horizont abzeichnet. Derartige radikale Änderungen erfordern offensichtlich die Ausnutzung aller persönlichen Ressourcen, namentlich derjenigen des Schattens.

Das spirituelle Leben in seinen Anfängen
Der Neuling im spirituellen Leben erlebt zunächst einmal gewaltige Höhen und Tiefen der inneren Erfahrung. Zuweilen macht er sich Illusionen über seinen Grad an Vollkommenheit und kann es sich nicht verkneifen, sich stolz, wenn nicht sogar mit Verachtung mit anderen zu vergleichen. Dann wieder verfällt er in ziemliche Entmutigung, weil er erleben muss, dass alle seine schlechten Gewohnheiten wiederkehren, von denen er schon geglaubt hatte, sie überwunden zu haben.

Aus diesem Grund muss er so früh wie möglich in die Arbeit an der Reintegration seines Schattens eingewiesen werden. Zu diesem Zweck sollte ihn sein spiritueller Lehrer dazu auffordern, sich seinen inneren „Dämonen" zu stellen, indem er ihm eine „Wüstenerfahrung" ermöglicht, das heißt eine Zeit des Lebens in Alleinsein und vorsätzlichem Nichtstun. Was sind seine „Dämonen"? Das sind seine inneren Zwänge, Antipathien, Ängste und Abneigungen. Mittels der Askese im oben beschriebenen Sinn kann der Novize es lernen, sein spirituelles Leben auf eine solide psychische Grundlage zu bauen und die verschiedenen Aspekte seines Schattens zu „verdauen". Damit vermeidet er es, allzu sehr oft geradezu mystischen Illusionen zum Opfer zu fallen.

Heutzutage beklagt man oft das Fehlen von Formen der Initiation für Jugendliche. In den so genannten primitiven oder traditionellen Zivilisationen ging es bei den Initiationsriten genau darum: Sie sollten es lernen, sich ihren Ängsten zu stellen und sich von ihren Eltern zu lösen, um in die Welt der Erwachsenen einzutreten. Den gleichen Sinn hat auch die Arbeit mit dem eigenen Schatten in den Anfängen des spirituellen Lebens: Der junge Mensch soll es lernen, seine Ängste zu zähmen.

Von einem Aspiranten für das Mönchsleben wird erzählt, eines Nachts sei er aufgewacht, gelähmt von Angst vor dem Alleinsein und der Finsternis seiner Zelle. Er stand schließlich zitternd auf, vermochte mit Mühe eine Kerze anzuzünden, ging und klopfte an die Tür seines Priors. Dieser nahm ihn verständnisvoll auf und hörte sich die Schilderung seiner Ängste an. Als der junge Mönch wieder etwas Mut gefasst hatte, bot er ihm an, ihn bis zu seiner Zelle zu begleiten, und mit einer Geste seiner Hand wies er ihn an, auf dem langen finsteren Gang voranzugehen. Doch in dem Augenblick, in dem der junge Mann vor ihm losging, löschte der Prior mit einem Atemstoß seine Kerze aus.

Das spirituelle Leben in der Lebensmitte

Da die Lebensmitte einen weiteren gewaltigen Wendepunkt im Dasein mit sich bringt, wird auch hier die Konfrontation mit dem eigenen Schatten besonders notwendig. Man nennt ihn zu diesem Zeitpunkt mit Recht den „Mittagsdämon“. In diesem Alter hat man sich von der Naivität und den Illusionen seiner Jugendzeit verabschiedet. Man ist mit dem Problem des Bösen konfrontiert worden, und der Tod kommt einem nicht mehr als etwas vor, das mit dem eigenen Leben gar nichts zu tun hat. Durch Enttäuschungen in der Liebe und verschiedene Formen des Scheiterns hindurch hat man sich selbst besser kennen gelernt. Folglich ist man sich seiner Möglichkeiten nicht mehr so sicher. Häufig neigt man zur Mutlosigkeit, zuweilen vielleicht sogar zur Hoffnungslosigkeit. Die alten Gewissheiten und Werte sind alle in Frage gestellt, man wird sensibler und verletzlicher für seine „inneren Dämonen“.

Viele sind dann versucht, mit ihrem bisherigen Leben völlig zu brechen: aus ihrem Freundeskreis auszusteigen, sich von ihrem Partner scheiden zu lassen, Platz und Art der Arbeit zu wechseln, ihren Lebensstil zu ändern. Auch ist die

Versuchung groß, anderen und den Umständen die Verantwortung für die eigenen Misserfolge zuzuschreiben, um so sein inneres Elend zu kaschieren. Man neigt also dazu, noch einmal alles ganz von vorn anzufangen, statt sich den unausweichlichen Fragen zu stellen: „Wer bin ich?" und „Was mache ich aus dem Rest meines Lebens?" Doch lassen sich diese Fragen nicht angemessen beantworten, wenn man dazu nicht auch seinen Schatten befragt.

In der Lebensmitte ist es unvermeidlich, dass man sich dem Teil seiner selbst stellt, den man unter dem Druck seiner Umgebung verdrängt hatte. So muss etwa der Mann, der bislang seine weibliche Seite verkannt hatte, diese annehmen, während die Frau, die ihre männlichen Züge nicht hatte zum Vorschein kommen lassen, sich mit diesen versöhnen muss.

Der folgende Fall veranschaulicht gut die Krise der Lebensmitte. Ein Priester Mitte fünfzig gestand mir, bislang sei er sehr selbstsicher gewesen, aber jetzt schaffe er es fast nicht mehr, öffentlich die Messe zu feiern. Sobald er seine Messgewänder anlege, überkomme ihn eine panische Angst und kalter Schweiß breche ihm aus. Angesichts der Vorstellung, jetzt in den Altarraum hinaustreten zu müssen, möchte er dann immer am liebsten im Boden versinken. Einige Male habe er sogar schon in Folge eines plötzlichen Schwächeanfalls die Messe abbrechen müssen.

Was da mit ihm geschah, machte ihn ganz ratlos. Er hatte sich immer um eine streng disziplinierte Lebensführung bemüht, ein sehr starkes Pflichtgefühl gehegt und eine solide Charakterstärke an den Tag gelegt. Jetzt aber fühlte er sich schwach und deprimiert. Er wusste sich vor seinen Schwächeanfällen nicht mehr zu helfen und hatte sich dazu aufraffen müssen, nach Hilfe zu suchen. Seine innere Not war so groß, dass er sogar daran dachte, seine Berufung in Zweifel zu ziehen. Tatsächlich flüchtete sich dieser Priester davor, sich die Vorwürfe seines Schattens zu Gemüte zu führen, der dringend verlangte, er solle seine Schwäche, seine Erregbarkeit und seine Abhängigkeit akzeptieren.

Ich leitete ihn zur Einsicht an, dass er genau genommen die Messe feiere, ohne innerlich die Haltung einzunehmen, die dieses Ritual verlange. Schließlich vergegenwärtige er dabei das Mysterium des schwachen und verletzlichen Christus, versuche diesen Dienst jedoch immer mit der Stärke und dem Selbstbewusstsein eines „wachhabenden Offiziers" anzutreten. Während ich ihm das darlegte, kamen ihm heiße Tränen und er entschuldigte sich dafür. Er gestand mir, seit einigen Jahren könne er den Anblick des Kreuzes nicht mehr ertragen, ohne in Schluchzen auszubrechen, und diese unwillkürliche Reaktion verwirre ihn sehr. Daraufhin ermutigte ich ihn, auf diese Seite seiner selbst genauer zu achten, die etwas viel Tieferes in ihm zum Ausdruck bringe, als das sein Wille darstelle, immer unerschrocken und unverwundbar zu sein.

Im Lauf der darauf folgenden Therapiesitzungen lernte es dieser Priester nach und nach, seine sensible, schwache, verletzliche und abhängige Seite zuzulassen. Es gelang ihm allmählich, die weibliche Seite seines Wesens zu akzeptieren und sich dessen bewusst zu werden, welche Reichtümer sie barg. Gemäß seinem eigenen Rhythmus machte er sich daran, dieses andere Ich zu zähmen, dessen Vorhandensein er bislang geleugnet hatte. Kurze Zeit danach berichtete er mir, er habe seinen Dienst wieder aufgenommen. Jetzt könne er wieder ohne Versagensgefühle öffentlich die Messe feiern; er schlafe viel besser und brauche dazu nicht einmal mehr seine „Antidepressiva". Sein Leben als Priester gewann eine neue Form. Nun ging es ihm nicht mehr darum, mit Willensstärke an seiner Heiligkeit zu „basteln", sondern sich dem Wirken der Gnade zu überlassen. Er konnte es jetzt zulassen, sich von der Liebe Gottes anrühren und führen zu lassen.

Die Arbeit am Schatten und die Heiligkeit

Vollkommenheit und Perfektionismus

Die Arbeit am eigenen Schatten scheint im geraden Gegensatz zum Streben nach moralischer Vollkommenheit zu stehen, sofern man unter moralischer Vollkommenheit das skrupulöse Konformsein mit den Moralregeln und Ansprüchen seiner Umgebung versteht. Aber diese Art von Vollkommenheit ist nichts anderes als ein *Perfektionismus*, das heißt eine rein äußerliche Perfektion, die nicht nach der tieferen Verfassung des Betreffenden fragt.

Oft kann man feststellen, dass sich der Perfektionist mit den äußeren Kriterien begnügt, die er mit den Idealen seiner *persona* gleichsetzt. Es geht ihm dann eher darum, ein gutes Bild abzugeben und einen erfolgreichen Eindruck zu machen, als seine innere Harmonie zu finden und persönlich zu reifen.

Ein solcher Mensch verfällt folglich oft in Ängste oder fühlt sich erniedrigt, wenn es ihm nicht gelingt, den hohen Ansprüchen an Erscheinungsbild und Erfolg zu entsprechen, die er an sich selbst stellt. Wenn es dem Perfektionisten passiert, dass er einen Fehler macht oder wenn ihm ein Missgeschick zustößt, neigt er dazu, sich selbst zu verachten und sich hemmungslose Vorwürfe zu machen. Kurz, bei allem und jedem tut er sich selbst Gewalt an. Daher muss er sich fragen, ob ihm diese Gewalttätigkeit gegenüber sich selbst tatsächlich zum Weiterreifen verhilft.

Am Beispiel von Mahatma Gandhi kann man sehr gut ablesen, wie diese Art Einstellung unseren Reifeprozess hemmt. Eric Erikson äußert in seinem Buch *Gandhis Wahrheit*[36] seine ungemeine Bewunderung für die pazifistische Haltung, die der Mahatma auch unter den schlimmsten Widerständen zu wahren wusste. Gandhi wollte mit seiner Lehre und seinem Beispiel den Teufelskreis der Gewalt durchbrechen. Er steckte alle Schläge seiner Gegner ein, ohne jemals auf Rache zu sinnen. Andererseits war es für Erikson unverständlich, weshalb Gandhi, dieser Apostel der Gewaltlosigkeit, so gewalttätig mit sich selbst und seinen Schwächen umging. Er nahm es sich selbst schrecklich übel, nicht die Ideale der „Heiligkeit" zu erreichen, die er sich selbst aufgesteckt hatte. Erikson sah in dieser Einstellung den Ursprung von Äuße-

---

[36] E. Erikson, *Gandhis Wahrheit. Über die Ursprünge der militanten Gewaltlosigkeit*, Frankfurt/M. 1984. Eric Erikson ist Psychologe und Spezialist für die Persönlichkeitsentwicklung.

rungen der Intoleranz, die Gandhi gegenüber Menschen aus seiner nächsten Umgebung an den Tag legte.

Der Perfektionist, der verbissen gegen seine schlechten Neigungen, seine Mängel, seine Schwächen und seine Sünden in den Krieg zieht, bringt sich selbst um die Möglichkeit, auf moralischem und spirituellem Gebiet weiter zu wachsen. Er nährt seinen Schatten, den er schließlich auf die anderen projiziert. Die Folge ist, dass er für sie unerträglich wird. Sein Mangel an Mitgefühl für sich selbst wie für andere verschärft dann wiederum sein Gefühl, er versage moralisch, weshalb er sich desto mehr selbst verachtet. Damit aber gerät er in einen Teufelskreis, der ihn nur immer mehr schwächt.

Die Heiligkeit und das Akzeptieren ungeliebter Seiten seiner selbst

Jung betrachtet die vollständige Annahme seiner selbst mit allen seinen Stärken und auch Schwächen als „das Wesen der moralischen Fragestellung und den Gipfel jedes Lebensideals."[37] Aus dem gleichen Anliegen weist er darauf hin, dass man die von Jesus gelehrte Praxis der Liebe zunächst einmal auf sich selbst anwenden müsse: „Wenn ich im Namen Christi dem Hungrigen zu essen gebe, wenn ich eine Beleidigung verzeihe, wenn ich meinen Feind liebe, dann sind das alles Erweise großer Tugend. Was ich dem Geringsten meiner Brüder tue, das tue ich Christus selbst... Aber was geschieht, wenn ich entdecke, dass der Kleinste von allen, der Ärmste aller Bettler, der Unverschämteste aller Beleidiger, der eigentliche Feind meiner selbst, alle diese also in mir selbst stecken und dass ich selbst Hilfe gegen mein eigenes Gutsein brauche und dass auch ich für mich der Feind bin, der der Liebe bedarf?" Ist nicht der Schatten jedes Menschen genau dieser „geringste seiner Brüder" und der innere „Feind", den er kennen lernen, aufnehmen und lieben muss?

[37] C. G. Jung, *Psychology and Religion: West and East* (Collected Works 7), Princeton 1938, 241.

Die spirituellen Bedürfnisse selbst in abwegigen Äußerungen

Auch die noch so armseligen und abwegigen Anteile des eigenen Ich enthalten einen Reichtum, der sich freilegen lässt, sofern man es lernt, sie mit Verstand, Liebe und Geduld zu akzeptieren.

Diese Behauptung wurde mittels der neurolinguistischen Programmierung bestätigt.[38] Bei diesem Ansatz führt die Technik der „Umwandlung im Kern des Ich"[39] zu verblüffenden Ergebnissen, denn sie ermöglicht es, die spirituellen Wünsche freizulegen, die auch noch in den schlimmsten Antrieben stecken. Das geht folgendermaßen: Zunächst wird der Klient gebeten, sich des Vorhandenseins einer „schlechten" Neigung in sich selbst bewusst zu werden, also einer Obsession oder einer unmoralischen Gewohnheit, kurz eines typischen Wesenszugs seines schwarzen Schattens. Hierauf bittet man ihn, die positive Absicht herauszufinden, die paradoxerweise den betreffenden Zwang oder die Gewohnheit beseelt.

Man lässt dem Klienten Zeit, in sich selbst einzukehren und seinen Schatten zu befragen. Er wird angewiesen, keine Antwort rein verstandesmäßiger Art zu geben, sondern abzuwarten, bis die Antwort aus seinem Unbewussten auftaucht. Ist diese Antwort gefunden, so integriert man sie in die erste Frage, die man in dieser neuen Form wiederholt, um die Person dazu anzuregen, sie zu vertiefen. Diesen Prozess führt man so lange fort, bis man das letzte Ziel entdeckt, das das eigene Unbewusste verfolgt. Der Grund für das Vorhandensein einer Verschrobenheit oder eines schweren Mangels offenbart sich dann in Form einer der fünf folgenden Motivationen: Man will ein tiefes Gefühl inneren Einsseins erlangen, man selbst sein, einen unerschütterlichen Frieden fin-

---

[38] Ein in den 1970er Jahren in den USA von Richard Bendler begründeter neuer Forschungsansatz.

[39] C. Andreas, *Der Weg zur inneren Quelle. Core-Transformation in der Praxis*, Paderborn 1995.

den, sich akzeptabel und akzeptiert fühlen, geliebt werden und lieben.[40]

Hier ein Beispiel, wie das vor sich geht. Ich habe eine Alkoholikerin gefragt, welche positive Absicht sie beim Alkoholtrinken verfolge. Daran knüpfte sich der folgende Dialog:
- Das entspannt mich.
- Und was suchen Sie mit dieser Entspannung?
- Ich will mich wohl fühlen und mir wichtig vorkommen.
- Was bringt Ihnen das, sich wohl zu fühlen und sich wichtig vorzukommen?
- Ich sehne mich einfach danach, endlich ich selbst zu sein und so, wie ich bin, von den anderen akzeptiert zu werden.

Was lässt sich aus den mittels der Technik der *Umwandlung im Kern des Ich* erzielten Ergebnissen schließen? Dass offensichtlich hinter jeder als „schlecht" oder zwanghaft bezeichneten Neigung ein spiritueller Wunsch nach dem Guten, Schönen oder Wahren, der Liebe oder dem Göttlichen in uns steckt. Die Anwendung dieser Technik gestattet es dem betreffenden Menschen, dieses zu entdecken und sich danach anders auszurichten. Im Lauf der Anwendung dieser Methode habe ich entdeckt, dass sich im Kern jedes noch so schmutzigen und verkrusteten Fehlverhaltens immer eine „Perle", ein „Schatz" findet. In der ganzen Spreu ist immer „ein gutes Körnchen" verschüttet. Die Arbeit am eigenen Schatten besteht also darin, dieses *Goldstäubchen* aus allem Staub und Dreck herauszufiltern, in dem es steckt.

Es ist das Selbst, was letztlich die Heiligkeit bewirkt

Oben wurde bereits wiederholt darauf hingewiesen, wie wichtig das Wirken des Selbst bei der Arbeit an der Reintegration des Schattens ist. Hier wäre es vielleicht erhellend, die Natur und die Rolle des Selbst genauer zu umschreiben. Seit Carl Gustav Jung und unter seinem Einfluss räumt die Psychologie immer mehr die Existenz einer spirituellen Komponente

---

[40] Ebd. 19.

im Wesen des Menschen ein, die Jung als das Selbst bezeichnet hat. Je nach den verschiedenen psychologischen und spirituellen Traditionen erfuhr das Selbst unterschiedliche Bezeichnungen, wie etwa „die Mitte", „das Organisationsprinzip", „die Heilkraft" usw. Auf jeden Fall aber gilt wie bei Jung, dass das Ego (das bewusste Ich) nicht die zentrale Stellung einnimmt, die man ihm einzuräumen geneigt war. Es erweist sich vielmehr als eine Instanz im Dienst des Selbst.

Jung war der Überzeugung, das Selbst sei das „Ebenbild Gottes" in jedem von uns. Es hat also etwas Göttliches an sich, was aus jedem von uns ein heiliges Wesen macht, das einmalig und von unschätzbarem Wert ist. Manche haben unterstellt, wenn Jung so rede, behaupte er, dass es Gott gebe. Dagegen hat er sich verwahrt. Seine Behauptung, es gebe ein göttliches Selbst, bezog er aus seinen wissenschaftlichen Beobachtungen des menschlichen Verhaltens. Jung war jedoch nie des Glaubens, er könne aus wissenschaftlichen Beobachtungen die metaphysische Aussage ableiten, es gebe ein göttliches Wesen.

Die Psychologie muss sich unbedingt auf eine gesunde Spiritualität stützen

In seinem Buch *Modern Man in Search of a Soul* schreibt der Schweizer Psychologe, in Augenblicken großer Not nehme der Mensch spontan Zuflucht zu „den großen Religionen wie dem Christentum und dem Buddhismus als den großen Heilungssystemen." Er fährt fort, die gesamte menschliche Weisheit habe es noch nie fertig gebracht, die schlimmsten Krankheiten psychischer Art zu heilen und schließt daraus: „Dem Menschen gelingt es nicht, für seine Leiden nur im Licht dessen, was er über sich selbst denkt, Trost zu erfahren, sondern er ist auf die Offenbarungen einer Weisheit angewiesen, die die seine übersteigt."[41]

Carl Gustav Jung ist überzeugt davon, dass das göttliche Selbst für das Menschsein konstitutiv ist und darum jede religiöse oder spirituelle Tradition eine Beschreibung davon gibt.

---

[41] C.G. Jung, *Modern Man in Search of a Soul*, New York 1969, 240f.

Selbst der Atheist, so allergisch er auch gegen alles sein mag, was auch nur im Entferntesten an das Dasein, die Natur oder das Handeln Gottes erinnert, könne sich daran beteiligen. Er werde im Selbst eben eine Instanz der menschlichen Psyche sehen, die er je nach seiner Überzeugung „Liebe", „Tiefen-Ich", „der/die Weise" oder „Innere Führer/in" usw. nennen werde.

Während die Tätigkeit der moralischen und sozialen Vervollkommnung des Menschen Sache des Ich sei, übernehme das Selbst kraft der schöpferischen, heilenden und ordnenden Fähigkeit der Gesamtperson die Arbeit der Harmonisierung von *persona* und Schatten. Jedoch könne es nur bei dem Menschen wirksam werden, der es als eine positive, mitfühlende und liebeerfüllte Wirklichkeit betrachte.

Was geschieht nun aber mit den Menschen, die es sich als etwas Schreckliches vorstellen? Sie werden es nie fertig bringen, sich vertrauensvoll seiner Integrationskraft zu überlassen. Tatsächlich sind mir schon „unheilbare" Klienten begegnet, die völlig im Bann einer Art von Über-Ich standen, das sie anklagte und tyrannisierte und das sie als ihr „Schicksal" oder „Karma" bezeichneten. Ihr spiritueller Pessimismus hinderte sie daran, weiter zu reifen. Nur diejenigen, die ihr Selbst als eine Wirklichkeit voller Güte und Zärtlichkeit einschätzen, können sich auf angemessene Weise auf die dunkle Seite ihrer Persönlichkeit einlassen.

Im Gegensatz zu einer Vollkommenheit, die das Ergebnis der Anstrengungen des Ich ist, wäre die Heiligkeit eine Wirkung der Gnade oder des göttlichen Handelns, das der Mensch in aller Freiheit an sich geschehen lässt. Jacques Leclercq schreibt über diese Unterscheidung: „Die Vollkommenheit stelle ich für mich her; die Heiligkeit schenkt mir Gott. Die Vollkommenheit steht am Ende des Weges, den ich selbst für mich gebahnt habe; die Heiligkeit wird mir für hier und jetzt geschenkt. Die Vollkommenheit wird oft gedemütigt (...), die Heiligkeit nie, (...) denn sie ist demütig."[42]

John Sanford, einer der großen heutigen jungschen Fachleute, erklärte bei einem Vortrag: „Gott liebt Ihren Schatten

---

[42] *Vie Chrétienne* März 1983.

mehr als Ihr Ego."[43] Und er fügte erläuternd hinzu: „Im Konfliktfall begünstigt Gott (der das Selbst bewohnt) mehr den Schatten als das Ego, denn der Schatten steht trotz seines gefährlichen Aspekts dem Selbst näher und ist wahrer."[44]

Und wie geht es nach der Reintegration des eigenen Schattens weiter?

Zu Beginn dieses Buches habe ich Sie eingeladen, sich auf ein Abenteuer einzulassen: auf das Abenteuer, Ihren eigenen Schatten kennen zu lernen, ihm zu begegnen und ihn zu reintegrieren. Jetzt sind Sie also am Ziel dieses Unternehmens angekommen. Jedoch dürfen Sie nicht glauben, damit seien Sie fertig. Denn ist es Ihnen erst einmal gelungen, einen Teil Ihres Schattens zu reintegrieren, so gelangen Sie auf eine neue Bewusstseinsstufe. Darauf entdecken Sie eine weitere dunkle Seite Ihrer selbst, die Sie nun ebenfalls reintegrieren müssen. Mit der Arbeit an Ihrem Schatten kommen Sie nie an ein Ende. Jedes Mal, wenn Sie einen Teil davon gezähmt haben, eröffnet sich Ihnen ein weiteres Stück Landschaft und will nun ebenfalls erkundet werden.

Die mit Ihrem Schatten geleistete Arbeit wird es Ihnen ermöglichen, weiter in die spirituellen Tiefen Ihres Wesens vorzustoßen. Haben Sie die Bereiche der Schatten von Familie, Kultur und Nation hinter sich, so gelangen Sie schließlich in die Zone des „gegengeschlechtlichen" Schattens, das heißt in die Sphäre, die die Züge des Ihnen entgegengesetzten Geschlechts trägt. Um die Reichtümer seines Selbst (seines Tiefen-Ichs) erschließen zu können, muss der Mann seine *anima* (sein inneres Weibliches) mit seiner emotionalen und sensiblen Fülle annehmen, die Frau dagegen ihren *animus* (ihr inneres Männliches) mit seiner Stärke, seinem Mut und seiner Initiativkraft (siehe das Schema auf der folgenden Seite).

---

[43] John Sanford, zit. V. Robert Johnson in *Owning your Own Shadow: Understanding the Dark Side of the Psyche*, San Francisco 1991, 44.

[44] Ebd. 45.

Der Aufbau der Psyche nach C.G. Jung

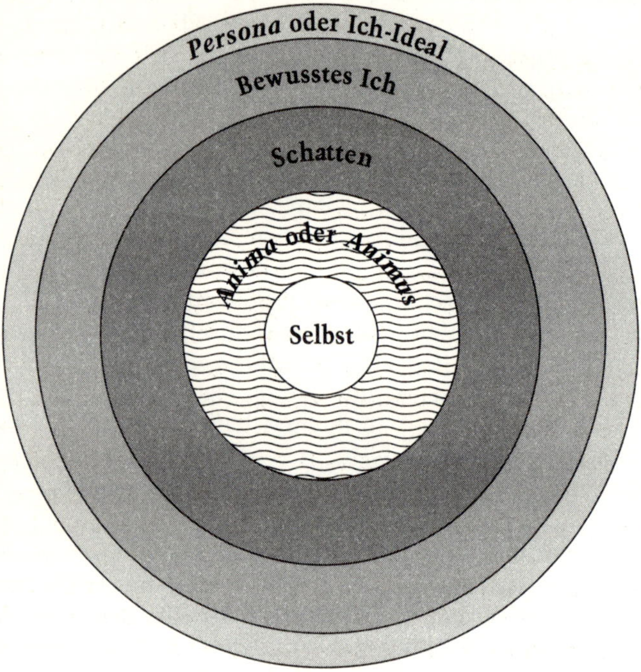

Anima
oder inneres weibliches Prinzip

Animus
oder inneres männliches Prinzip

= Die Hüter des Selbst

Persona, Ich, Schatten und je nach Geschlecht *anima* oder *animus* – das sind also die Etappen der Initiation, die Wegmarken einer psychospirituellen Reise, die ins Herz des eigenen Wesens, ins Selbst, führt. Zuweilen werden wir versucht sein, zu glauben, nur eine intellektuelle Elite sei in der Lage, das zu verwirklichen, also, mit einem Begriff von Jung gesprochen, zur vollen *Individuation* zu gelangen. Aber das ist ein Irrtum: In Wirklichkeit gelingt das allen Menschen, die zu einer echten Askese fähig sind, wenn ihr Schatten sich regt, denn sie bringen es fertig, in Kommunikation mit ihrem Selbst zu treten. Aber ob man nun zu einer Elite gehört oder nicht, jedenfalls erlebt der Mensch, der sich mit allem, worunter er leidet, harmonisch zu versöhnen vermag, dass im Augenblick, in dem er es mit seinem Schatten zu tun bekommt, alle seine oberflächlichen Identitätsmerkmale wegfallen. Nach und nach wird er von allem Künstlichen geläutert und erkennt immer mehr seine göttliche Natur und seinen Auftrag für die Welt.

Zum Schluss dieses Buches lade ich Sie ein, die inspirierenden Worte des Priesters und Soziologen Jacques Grand'Maison über die segensreichen Auswirkungen der Reintegration des Schattens auf sich wirken zu lassen: „Zuweilen regt sich der Schatten und erschließt eine Seelentiefe, eine Erinnerung, einen Horizont und vor allem einen inneren Reichtum, der bewirkt, dass wir vor Lebensfreude, Liebe und kämpferischem Mut aufspringen und uns kopfüber ins Abenteuer des Lebens stürzen."[45]

---

[45] Grand'Maison a. a. O. 372.

Literatur

Andreas, C., Der Weg zur inneren Quelle. Core-Transformation in der Praxis, Paderborn 1995.

Bly, R., Die dunkle Seite des menschlichen Wesens. München 1993.

Bowles, M., „The Organization Shadow", in Organization Studies 12 (3), 387–404.

Bradshaw, J., Das Kind in uns. Wie finde ich zu mir selbst, München 1992.

Brewi, J. u. A. Brennan, Celebrate Mid-Life. Jungian Archetypes and Mid-Life Spirituality, New York 1988.

Côté, R., „Die chante dans la nuit: l'ambiguité comme invitation à croire" in Concilium 242, 117–128.

Dahlke, R., Mandalas der Welt. Ein Meditations- und Malbuch, München 1989.

Franz, M.-L. von, Der Schatten und das Böse im Märchen, München 1985.

Franz, M.-L. von, Spiegelungen der Seele. Projektion u. innere Sammlung in der Psychologie C. G. Jungs, München 1988.

Grand'Maison, J., L. Baroni, J. Gauthier, Les défis des générations : enjeux sociaux et religieux du Québec d'aujourd'hui. Cahiers d'études pastorales 15, Saint-Laurent, Quebec 1995.

Green, J., L' homme et son ombre, Paris 1991.

Guggenbühl-Craig, A., Macht als Gefahr beim Helfer, München [4]1983.

Hopcke, R. H., Persona. Where Sacred Meets Profane, Boston 1995.

Johnson, R. A. Owning your Own Shadow. Understanding the Dark Side of the Psyche, San Francisco 1991.

Jung, C. G., AION. Beiträge zur Symbolik des Selbst, Olten u. Freiburg/Br. [8]1992.
Jung, C. G., Der Mensch und seine Symbole, Olten u. Freiburg/Br. [12]1991.
Jung, C. G., Erinnerungen, Träume, Gedanken, Olten [8]1992.
Jung, C. G., Zur Psychologie westlicher und östlicher Religion, Olten u. Freiburg/Br. 1988.
Idel, M., Golem. Jewish magical and mystical traditions on the artificial anthropoid, Albany, NY 1990.
Kop, S. Mirror, Mask and Shadow. The Risk and Rewards of Self-Acceptance, New York 1982.
Miller, W. A., Make Friends with Your Shadow. How to Accept and Use Positively the Negative Side of Your Personality, Minneapolis 1981.
Miller, W. A., Your Golden Shadow. Discovering and Fulfilling Your Underdeveloped Self, San Francisco 1989.
Mattoon, M. A. (Hg.), The Archetype of Shadow in a Split World. Tenth International Congress for Analytical Psychology (im September 1986 in Berlin), Zürich 1987.
Moore, R. L. (Hg.), Carl Jung and Christian Spirituality, New York 1988.
Naifeh, S., „Archetypal Foundations of Addiction and Recovery" in Journal of Analytical Psychology 40 (1995), 133–159.
Neumann, E., Tiefenpsychologie und neue Ethik, Zürich 1949.
Sanford, J. A., Evil: The Shadow Side of Reality, New York 1981.
Sanford, J. A., The Strange Trial of Mr. Hyde: A New Look at the Nature of Human Evil, San Francisco 1987.
Sweeney, R., You and Your Shadow, Cincinnati 1988.
Vieljeux, J., „La persona". Cahiers jungiens de psychanalyse 58 (1988), 3e trimestre, 3–18.
Whitmont, E. C., The Symbolic Quest, Princeton 1991.
Wilber, K., Das Spektrum des Bewusstseins. Reinbeck 2000.
Winnicot, D. W., Processus de maturation chez l'infant, Paris 1974.
Wolff-Salin, M., The Shadow Side of Community and the Growth of the Self, New York 1988.

Zweig, C. u. J. Abrams (Hg.), Meeting the Shadow. The Hidden Power of the Dark Side of Human Nature, Los Angeles 1991.